KB081609

품격 있는
아내들의
남편 다루는 법

남편을 내 편으로 만드는
부부 갈등 조종술

품격 있는 아내들의

남편 다루는 법

김민수 지음

Booksgo

삶의 여행자가 되기를 바랍니다

한 심리학자가 개들을 A, B 두 개의 공간에 나누어 가뒀습니다. 그리고 그 개들에게는 예고 없이 전기 충격을 가하기 시작했습니다. A 공간에는 개들이 특정 버튼을 누르면 전기 충격이 사라질 수 있도록 해 두었습니다. 반면 B 공간에는 그런 버튼을 만들지 않았습니다. 그리고 이 전기 충격은 각각 예순네 번이나 반복되었습니다. 이후 A 공간에 있었던 개들과 B 공간에 있었던 개들의 행동은 극명하게 엇갈렸습니다. A 공간에 있던 개들은 이제 전기 충격을 잘 피하기 시작했습니다. B 공간에 있었던 개들은 슬프게도 이제 더 이상 전기 충격을 피하지 않았습니다. 어쩌면 자신을 죽음으로까지 몰아갈지도 모르는 전기 충격에도 무기력하게 반응했습니다.

이후 이 실험은 '무기력'이라는 감정도 충분히 학습될 수 있다는 것을 증명해 주는 유명한 실험이 되었습니다. 그리고 이 무기력을 '학습된 무기력'이라고 합니다. 우리는 이렇게 삶에서 선택권을 박탈당하는 경험을 하게 되면 학습된 무기력의 상태가 됩니다. 그리고 스스로를 위해서 할 수 있는 것이 아무것도 없다는 결론을 내립니다. 그래서 현재의 고통을 피하려는 노력 없이 운명처럼 받아들이게 됩니다.

혹시 현재 결혼 생활은 어떤 모습인가요? 결혼 전에는 비교적 자유롭고 무엇이든 선택할 수 있었던 우리가, 결혼 생활을 시작하면서 많은 부분이 바뀌었을 겁니다. 힘들 때마다, 남편과의 갈등이 있을 때마다 아내로서 그리고 엄마로서의 선택을 강요받았을 겁니다. 그렇게 우리는 스스로를 잃어버리고 '다들 이렇게 산다'는 말에 위안을 받으면서 살아 왔을 겁니다. 남편의 이기심에 이젠 싸우기도 지쳐 아이들만 바라보고 체념하고 살고 있었을지도 모릅니다.

"우리 부부 관계가 좋아질 수 있을까요?"

"이것저것 다 해봤는데 되는 것이 없어요."

저는 지난 5년간 이런 말씀을 하면서 결혼 생활에 끌려다니고, 남편에게 끌려다니며 고통을 겪고 있는 분들을 수 천 명

이상 만나 뵈었습니다. 결혼 생활에서 학습된 무기력 상태를 경험하고 있는 분들이었습니다. 그래서 저는 계속 고민하고 답을 찾아 왔습니다. 끌려다니기만 했던 아내분들이 '남편에게 당당하게 대접받고 살려면 어떻게 해야 하는가?'에 대해서 말입니다. 그리고 그 해답들을 이 책에 담아 놓았습니다. 그리고 이 책의 내용을 이해한다면, 스스로 선택할 수 있는 것들이 더 많다는 것을 알게 될 겁니다. 그리고 우리의 삶이 앞으로 훨씬 편해질 수 있다는 자신감도 얻게 될 겁니다.

학습된 무기력에만 빠져 있다면, 인생에서 우리는 정처 없이 떠돌아다니는 방랑자의 삶을 살 것입니다. 발걸음을 멈추지 못한 채 열심히 걷거나 뛰고 있지만, 어디를 향해 가고 있는지도 모른 채 말입니다. 다람쥐가 열심히 쳇바퀴를 돌리지만 사실은 항상 제자리인 그런 인생일지도 모릅니다.

많은 분들이 이 책을 읽고 방랑자의 삶을 멈추고 여행자가 되기를 기대합니다. 여행자는 방랑자와 달리 자신이 어디를 향해 나아가고 있는지를 정확하게 알고 있습니다. 목적지로 가기 위해 자신의 삶을 주체적으로 선택합니다. 이제 여행자가 되기로 마음먹는다면 우리에게 어떤 어려움이 닥쳐도 이겨낼 수 있을 겁니다. 왜냐하면 우리는 우리가 선택한 일의 결과에만 목숨을 걸지 않을 것이기 때문입니다.

우리는 여행을 할 때 여행이라는 과정 자체를 즐깁니다. 여행을 하면서 날씨가 좋든 그렇지 않든, 여행이 힘들었든 편했든 여행이라는 것 자체는 우리에게 추억과 교훈을 가져다줍니다. 마찬가지로 우리가 여행자가 되기로 마음을 먹는다면 우리는 삶의 여정 자체에서 성장하고 성숙해질 수 있을 겁니다.

삶에서 어떤 억울한 일을 겪었든 얼마나 못된 남편과 못된 시어머니를 만났든 그것은 결코 우리가 가고자 하는 방향을 가로막지는 못할 것입니다. 그리고 그렇게 여행자로서 삶의 여정을 당당하게 걷다 보면 우리도 모르는 사이에 인생이라는 여행 자체를 즐기고 있을 겁니다. 그리고 남편을 잘 다루는 매력적인 여성이 되어 있을 것이라고 확신합니다.

평강공주리더십연구소 소장
김민수

contents

PART 02

아내들이여, 진짜 갑이 되어라

PART 03

요즘 아내, 요즘 남편

PART 04

남편을 내 편으로 만드는 남편 조종술

PART 01

현실과 이상,

그 사이

어딘가

결혼 이후 마주치는 현실

예전과 다르게 지금은 결혼을 선택이라고 한다. 그렇다면 결혼을 하게 된 이유에 대해 생각해 본 적이 있는가? '저는 어쩌다 아이가 생겨서 결혼했어요', '결혼할 시기여서 마침 이 남자랑 했죠', '오래 사귀어서 결혼을 해야만 했죠' 등 각자의 이유는 정말로 다양하다. 다만 한 가지 공통점은 현재의 삶보다 훨씬 더 행복해지기 위한 선택이었다는 것이다.

인간은 사회적인 동물이기에 기쁨을 나누면 배가 되고, 슬픔을 나누면 절반이 된다고 한다. 그래서 사람과의 관계 속에서 의지할 부분은 의지하고, 때로는 힘들어 하는 누군가에게 도움을 주면서 살아간다. 이러한 관계 속에서 애착을 잘 형성했을 때 안정감과 행복감을 느낀다. 그래서 우리는 결혼이라는 제도 자체를 믿고 있기만 하면 될까?

애석하게도 전혀 그렇지 않다. 결혼은 사랑하는 남녀를 위해 만들어진 것은 아니기 때문이다. 지금보다 더 행복해지기 위해서 결혼한다는 선택은 대단한 착각일 수 있다. 불과 2, 30년 전만 하더라도 결혼을 해야 하는 이유로 경제적인 부분이 크게 작용했을 가능성이 매우 높다. 남성은 가정 경제를 지키고, 여성은 자녀 양육과 가사를 책임지며 각자의 일을 나누어 '분업'을 해야 편하게 살 수 있었다. 시간이 지난 후 다 자란 자식들은 부부의 노년을 책임져 줄 수 있었다.

좀 더 인류 역사적인 관점에서 본다면 어떨까? 국가를 통치하는 사람들의 입장에서는 '가화만사성'이라는 것을 내세우기만 하면 국가 운영이 수월했다. 국가가 나서지 않더라도 부모가 자발적으로 나서서 아이들에게 국가가 유지되기 위한 문화적, 사회적 규범들을 자연스럽게 교육시킬 수 있었기 때문이다.

단순히 결혼은 남편과 아내 그리고 자녀들의 행복을 위한 제도가 아니다. 결혼은 개개의 입장에서 보면 '생존'하기 위한 수단이었고, 권력을 가진 사람에게는 국민을 편하게 '통치'하기 위한 하나의 수단이었다고 볼 수 있다.

7, 80년대 당시만 하더라도 남편이 화가 난다고 밥상머리를 엎더라도 결혼 생활을 깨뜨려야 할 정도의 심각한 문제로 여기지 않았다. 왜냐하면 당시의 결혼은 서로의 행복을 위한 수단이기 이전에 생존을 위한 수단이었기 때문이다.

지금은 시대가 바뀌었다. 생존하기 위해서 결혼하는 사람들은 드물다. 여성의 사회생활이 활발해지면서 삶의 기준과 가치가 달라졌다. 여성들은 혼자서 사는 것보다 부부 간의 친밀함과 애착을 통한 안정감을 느끼기 위해 결혼을 선택하기도 한다.

그러나 결혼 제도는 부부 간의 친밀함을 보장해 주지는 못한다. 그런데 많은 아내들은 여전히 결혼 제도가 남편과의 애착과 친밀함을 저절로 형성해 줄 것이라고 믿고 있다.

그렇게 결혼을 하고 시간이 지나다 보면 묘하게 결혼 제도라는 것이 남편에게만 유리하게 작용하고 있다는 것을 알아차리게 된다. 아내는 분명히 가정과 자녀를 위해서 헌신을 하고 있는데, 남편은 가정보다는 자신이 좋아하는 것에만 관심을 갖는 것처럼 보인다.

아침부터 저녁까지 집안일은 해도 해도 끝이 없고, 자녀를 돌보는 것은 퇴근이 없는 일이다. 그런데 남편은 일을 하고 들어오면 본인은 쉬어야 한다며 소파와 한 몸이 되어 잠들기 전까지 휴대폰과 TV에 매달린다. 아이를 위해서 주말에 외출할 생각은 하지 않으면서, 술 먹으러 나오라는 친구의 말에는 쏜살같이 나간다.

사소한 일들과 서운함을 참고 참다가 결국 남편과 다툼이라도 시작하면 남편은 가정이든 아내든 관심을 끄고 내팽개치기도 한다. 반대로 어떤 남편들은 시도 때도 없이 화를 내거나 윽박지르면서 사사건건 아내를 통제하려 들기도 한다. 점점 남편의 행동에 끌려다니며 남편 없이 아내 혼자서 책임져야 할 일들이 늘어나면서 삶이 점점 무거워진다.

결혼이라는 제도 안에서 남성과 여성은 생각하고 사고하는 방식이 각기 다르다. 그러다 보니 결혼 이후 여성이 남성보다 억울하고 손해를 본다는 느낌을 더 받게 된다. 어떤 사람들은 여성이 억울한 이유가 유교 문화권의 영향이라고 할 것이다. 맞는 말이다. 하지만 결혼 생활에서 여성이 더 억울하다고 느끼는 이유는 단순히 특정 문화 때문만은 아니다.

실제로 해외에서 진행한 결혼 생활에 대한 만족도 조사를 보면 여성이 억울한 이유가 남녀 차이에서 발생한다는 것을 알 수 있다. 조사에 따르면 남성과 여성 모두 서로 사이가 좋으면 결혼 생활 만족도가 높았다. 당연한 결과일 것이다. 부부가 매일 다투는데 결혼 생활이 마냥 행복하다고 생각하는 사람은 없을 것이기 때문이다.

하지만 남편과 아내 사이에 한 가지 차이점이 발견되었다.

여성은 부부 관계의 친밀도에 따라 결혼 생활 만족도가 크게 차이가 나는 반면 남성은 여성에 비해 상대적으로 그 영향이 적다는 사실이 밝혀진 것이다. 다시 말해 아내는 남편과의 관계가 좋지 않다면 결혼 생활도 불만족스럽다고 느낄 수 있지만, 남편은 아내와 사이가 좋지 않더라도 결혼 생활은 문제가 없다고 느끼는 사람이 많다.

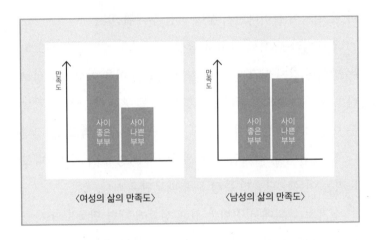

〈여성의 삶의 만족도〉　　　　　〈남성의 삶의 만족도〉

이런 통계들을 보면 우리가 현재 어떤 모습인지가 이해가 될 것이다. 어떤 이유로 남편과 싸웠든 간에 아내는 남편의 눈치를 보기 시작하고 불편한 분위기와 긴장이 해소되기 전까지 괴로움 속에서 살아가게 된다. 반면 남편은 아내의 행동에는 아랑곳하지 않고, 혼자서 밥도 잘 먹고 잠도 잘 자며 천하

태평으로 지낸다. 결국 이러한 과정이 반복되고 기간이 길어지면서 왜 결혼을 했는지 후회하게 된다.

결혼 생활로 인해 우울증을 겪고 상담을 받는 사람들의 대부분이 아내인 여성이라는 것을 보면 결혼 제도라는 것은 어쩔 수 없이 여성에게 불리하다는 것이 사실로 받아들여진다. 게다가 아직까지도 남아 있는 뿌리 깊은 유교 사상과 가부장적인 관념들은 여전히 아내에게 넘어야 할 벽처럼 느껴질 것이다.

그렇다고 여성에게 불리한 결혼 생활이기에 어쩔 수 없이 받아들이며 계속 우울한 채로 살아가야 할까? 아내를 이해하고 인정하지 않는 남편 때문에 아내의 인생 전체까지 불행할 필요가 있을까?

지금부터는 남편 때문에 아내의 삶이 불행으로 빠지는 것을 막아야 한다. 결혼 제도만 믿고 기다린다고 해서 아내의 삶이 저절로 나아지지 않는다는 현실을 꼭 기억해야 한다.

남편을 이해하면
부부 관계가 좋아질까요?

인간관계와 관련된 책들을 찾아보면 '상대방을 진심으로 이해해야 한다'는 내용을 쉽게 접할 수 있다. 물론 틀린 말은 아니다. 하지만 상대방을 이해하려는 노력 덕분에 싸움은 일어나지 않지만 오히려 마음은 더 답답하지 않은가? 아내가 남편을 이해하기 위해 참고 인내하고 노력하고 있지만, 남편은 그런 아내의 마음을 전혀 몰라주지 않던가? 아마 이 글을 읽는 사람들 중에서 80% 이상은 공감할 것이다.

그래서 남편을 이해하려고 노력하고 있는 아내가 있다면 말리고 싶다. 남편을 온전히 이해한다고 해서 부부 관계가 좋아지는 것이 절대 아니기 때문이다. 남자가 여자와 어떻게 다른지 이해하고, 각자 살아온 환경을 완벽하게 이해하더라도 부부 관계가 좋아지는 것과는 전혀 무관할지도 모른다.

혹시 이 세상에 존재하는 모든 사물과 현상들을 정확히 이해하고 살아가고 있는가? 그렇다면 우리 생활과 매우 밀접한 문제 하나를 내보겠다.

우리나라의 겨울은 예전부터 삼한 사온이라고 한다. 겨울은 항상 춥지 않다는 말로, 겨울이 사흘은 춥고 나흘은 따뜻하다는 뜻이다. 왜 우리나라의 겨울은 항상 춥지 않은지, 어떤 때는 평년 기온보다 따뜻하기도 하고 어떤 때는 엄청나게 극심한 한파가 찾아오는지 설명할 수 있는가?

날씨 전문가는 이렇게 답할 것이다.

"겨울철 우리나라는 시베리아 기단의 영향을 받습니다. 그리고 이 시베리아 기단은 어떤 때는 커지기도 하고 어떤 때는 작아지기도 하죠. 이 기단이 커져서 우리나라까지 확장되면 우리나라는 추워지고, 이 기단이 작아져서 우리나라에 영향을 미치지 않으면 우리나라의 겨울은 따뜻한 기온을 유지합니다."

기상청에 다니거나 날씨에 관심 있는 사람이 아니라면 이렇게까지 정확히 이해하는 사람은 없을 것이다. 그냥 날씨가 추워지면 '추운가 보다', 약간 따뜻해지면 '오늘은 좀 따뜻하

네?' 정도로 생각할 것이다. 굳이 이 어려운 과학 개념을 이해하려고 들지는 않을 것이다.

우리는 이런 개념을 이해하지 않아도 큰 불편함 없이 잘 살아간다. 삶에서 정말로 많은 것들을 이해하고 살아가기도 하지만, 반대로 이해하지 않고 그냥 지나치는 것들이 더 많다. 심지어 날씨처럼 우리에게 정말로 중요한 것임에도 불구하고 말이다.

그냥 더우면 옷을 벗으면 되고 추우면 옷을 껴입으면 되기 때문이다. 어떤 대상을 명확하게 이해하는 것보다는 처해진 상황에서 내가 어떻게 대응해야 하는지가 훨씬 더 중요한 문제일 수 있다.

남편과의 관계에서도 마찬가지다. 남편이 어떤 성격을 가지고 태어났는지, 어떤 유년 시절을 보냈는지, 아내가 싫어하는 행동을 도대체 왜 하는지, 이런 것들을 잘 이해한다고 해서 남편과의 관계가 좋아질 것이라는 보장은 전혀 없다. 오히려 남편을 이해하면 할수록 더 답이 없고 답답하다는 생각을 하게 될지도 모른다.

'남편은 어렸을 때 사랑을 받지 못하고 자랐으니 내가 계속 배려를 해줘야 된다', '남편은 나와 다른 성격이기 때문에 이런 부분은 내가 참고 살아야 한다'와 같은 형태로 스스로 인내하고 견뎌내야 하는 이유만 만들어 낼 뿐이다. 평생 남편에게 봉사하면서 살겠다고 마음먹지 않는 이상 남편을 온전히 이해하기 위해 노력하고 참는다는 것은 불가능하다.

그런데 우리가 '상대방을 진심으로 이해해 줘야 한다'는 말을 어디선가 듣고 '그래, 이거 정말 좋은 말이네', '그래, 나도 상대방을 이해하려고 진심으로 노력해 봐야겠다'고 마음을 먹게 된 이유는 도대체 무엇일까? 그건 아마도 내가 상대방을 이해하고 배려해 준 만큼, 상대방도 언젠가는 내 마음을 이해하고 배려해 줄 것이라는 기대를 하기 때문이다.

물론 어떤 남편들은 아내가 배려하고 이해하려는 모습에 감사함을 느끼고 자기 자신도 아내에게 똑같이 베풀려고 할지도 모른다. 하지만 안타깝게도 그런 남편은 정말로 흔하지 않다는 것을 이미 알고 있을 것이다. 그리고 그런 남편과 살고 있다면 이 책도 보지 않을 것이다.

그러면 이쯤에서 스스로에게 하는 질문을 수정할 필요가 있다. 지금까지는 '내가 어떻게 하면 상대방을 진심으로 이해해 줄까?'라는 질문을 끊임없이 하고 있었을 것이다. 그렇다면 지금부터 상대방을 진심으로 이해한다는 목표는 이제 내려놓자.

그리고 이렇게 질문을 바꾸었으면 한다. '상대방이 나를 이해하게 만들려면 나는 어떤 행동을 해야 할까?'라고 질문을 해 보자. 그래야 남편에게서 원했던 이해와 배려를 받을 수 있고 우리의 욕구를 충족하고 행복한 삶을 살 수 있게 된다.

만약 지금까지 남편이 우리를 배려하지 않거나 이해하려고 노력하지 않아서 서운하였는가? '어떻게 이 남자는 내 마음을 조금도 헤아려 주지 않는 거지?'라는 생각이 들면서 원망이 쌓이고 화가 쌓였는가?

어쩌면 아내가 남편에게 당하는 것이 당연할지도 모르겠다. 아마도 이 말을 인정하고 싶지 않을 것이다. 하지만 우리는 어떻게 행동해야 남편이 우리가 원하는 행동을 해 주는지 모르고 있다.

예를 들어 이 글을 읽고 있는 여러분에게 "날씨는 이렇게 중요한 부분인데 어떻게 기단에 대한 개념도 모르고 있나요? 오늘 당장 공부하세요"라고 말했다고 치자. 이 말에 여러분은 당장 이 어려운 과학 개념에 대해 이해하려고 노력할 것인가? 아마 그 반대일 것이다. 반발심이 생기며 "그게 나한테 얼마나 도움이 된다고 굳이 피곤하게 이해해야 해?"라고 생각을 할 것이다.

마찬가지로 '내가 상담을 갔다 왔는데, 어디에서 좋은 이야기를 들었는데, 책에서 봤는데, 부부 관계는 서로에 대한 이해와 존중이 중요하다더라'라는 이야기를 꺼내는 순간, 남편은 오히려 강요받는다는 느낌을 받을 것이다.

평소에도 아내와 대화를 하면 대화가 통하지 않는다는 느낌을 가지고 있었다면 남편은 더더욱 피로감을 느낄지도 모른다.

혹시라도 이 책을 읽다가 정말 공감가는 내용을 발견하고 남편에게 찍어서 보낸다거나, 책을 한번 읽어보라고 권유하지는 말았으면 한다. 그렇게 하는 순간, 남편이 우리를 이해해 줄 확률은 더욱 떨어진다. 차라리 자신과 같은 처지에 놓인 여성이 있다면 당장 이 책을 한 권 더 사서 쥐어 주기 바란다.

그러면 인간은 어떤 경우에 상대방을 이해하려고 노력할까? 인간은 자신이 상대방에게 아쉬운 것이 있거나 부탁해야 할 것이 있을 때, 비로소 상대방이 무엇을 좋아하고 무엇을 싫어하는지를 알아보기 시작한다.

또 상대방에게 호기심이 생길 때, 상대방이 궁금해지고 물어보고 싶은 것들이 생긴다. 그리고 상대방이 나에게 엄청나게 중요한 사람일 때, 상대방의 눈치를 보고 그 사람의 성격을 이해하려고 노력한다.

자, 답은 정말 간단하다. 남편과의 관계에서 내가 갑이 되면 된다. 물론 어떤 행동 하나를 바꾼다고 해서 남편과의 관계에서 갑이 될 수는 없을 것이다. 하지만 필자가 강조하고 싶은 중요한 포인트는 부부 관계에서 갑이 되고자 하는 노력이 남편을 이해하려는 노력보다 중요하다는 것이다. 그리고 이 노력이 남편에게서 원하는 것을 얻는 유일한 방법이라는 것이다.

평범한 결혼 생활이라는
환상을 벗어 던지세요

문득 잠들기 전 다른 사람들의 SNS 속 프로필 사진을 볼 때가 있다. 남편과 사이가 좋지 않을수록, 남편과의 관계가 불만족스러울수록 남들이 지내는 모습을 보면서 부러움을 넘어 괴로워한다.

'나만 빼고 다 평범하게 살고 있구나', '나처럼 이렇게 사는 사람이 있을까?'라는 생각마저 든다. 우리는 남편에게 큰 기대를 하는 것이 아니다. 그저 알고 있는 누군가처럼 평범하게 살기를 희망한다. 그런데 아무리 평범하게 살고자 해도 잘 안 되었을 것이다.

좌절감을 여러 번 경험하다 보면 아무리 노력해도 평범해질 수 없을 것 같은 생각마저 든다. 그렇게 '나는 절대 행복해질 수 없어'라는 생각을 사실로 받아들이게 된다. 이 생각은 사실이라기보다는 망상에 가까운 데도 그 믿음은 삶의 의욕을 계속 떨어뜨린다. 그러다 보면 우리가 생각했던 평범한 삶에서 한 발짝 더 멀어져 있다.

사실 평범하게 사는 부부들을 부러워 할 필요가 없다. 그렇다고 '오늘부터는 남들과 비교하지 말아야지', '다른 사람들을 부러워하지 말아야지', '지금은 이렇지만 그래도 나는 힘을 내야지'라고 마음먹는다고 해결될 문제도 아니다.

조금이라도 남들의 삶과 자신의 삶을 비교하며 '평범한' 결혼 생활을 동경하고 있다면 이 글의 내용을 정확히 이해한 뒤 스스로 설명할 수 있을 정도로 반복해서 읽어 주길 바란다. 나도 모르게 주변 사람들과 나를 비교하고 있을 때 반복해서 읽은 내용을 금방 떠올릴 수 있을 정도로 말이다.

왜 남들과 나를 비교하지 않아도 되는지, 평범한 삶을 동경하지 않아도 되는지를 마음속 깊은 곳에서 인지하고 있어야 한다. 그래야 스스로의 좌절감에서 벗어나서 '내가 할 수 있는 일'에 집중할 수 있게 되고, 그러다 보면 진정한 '평범함'에 가까워지게 될 것이기 때문이다.

누군가를 부러워하지 않아도 되는 첫 번째 이유는 우리가 바라보는 타인의 삶은 허상에 가깝기 때문이다. SNS의 사진들과 영상, 사람들의 말만으로 그들의 삶이 '평범하다'라고 판단할 수는 없다. SNS에서 우리는 그들의 극히 일부 모습만을 보고 있는 것이고, 그 일부마저도 엄청나게 과장되었을 확률이 높다.

사람들은 절대로 자신의 이야기를 모두 말하지 않는다. 정말로 가까운 친구에게도 말하지 못하는 비밀은 존재한다. 하물며 모든 사람이 볼 수 있는 SNS와 메신저 프로필 사진은 어떨까? 그 사람의 극히 일부만 표현된다. 그리고 그 일부도 있는 그대로가 절대 아니다. '자신이 어떻게 보이고 싶은지'를 반영한다. 한 마디로 자신의 어두운 모습과 평범하지 않은 모습들은 절대 올리지 않는다.

아마 이건 우리의 이야기일 수도 있다. 가족끼리 여행을 안 간 지 5년도 넘었지만 메신저 프로필 사진은 여행지에서 찍은 가족사진일 수 있다. 남편과는 매일 싸우고 힘들어서 울상이지만 SNS에 올리는 사진은 아이와 함께 웃으며 물놀이하는 모습일 수 있다.

SNS뿐만이 아니다. 아이들을 어린이집에 맡기고 엄마들끼리 대화를 할 때도 마찬가지다. 자신의 남편에 대해서 자랑을 하기도, 험담을 하기도 한다. 물론 모두 사실을 말할 것이다. 다만 남편에 대한 100% 중에서 1~2%에 불과할 것이다.

게다가 그 이야기를 하는 이유는 서로 친밀해지기 위해서거나 잠깐이라도 자신의 힘든 부분을 위로받고 싶어서다.

그들이 자신의 이야기를 하는 이유는 우리가 생각하는 것과 완전히 다르다. 절대로 자신들이 가지고 있는 '진실'에 대해서 알리려는 목적이 아니다. 우리가 보고 있는 타인의 모습은 빙산의 일각이다. 그리고 그 빙산의 일각마저도 사람들은 자신의 좋은 모습만 포장해서 광고를 하는 것이다.

우리는 그 광고를 보고 그 사람의 전부라고 생각을 하고 있을 수도 있다. 어쩌면 허상일지도 모르는 남들의 삶과 내 현실을 비교하며 좌절한다. 그런데 사실 나의 모습과 타인의 모습은 사실상 별반 차이가 없을지도 모른다. 그럼에도 이렇게 말할 것이다.

"그래도 그 사람들은 저와 같은 스트레스는 받지 않는 것 같아서 부러워요."

그래, 맞다. 당연히 그들은 우리가 겪는 스트레스는 받고 있지 않을 것이다. 하지만 그 사람들이라고 스트레스에서 완벽히 자유로울까? 단언컨대 전혀 자유롭지 않을 것이다.

사람은 모두 자신의 인생에서 스트레스를 경험한다. 인생을 살아가면서 스트레스를 받지 않는 사람은 없다. 대기업 회장도, 대통령도 스트레스를 받는다. 어쩌면 우리가 상상할 수 없을 정도로 크게 받을지도 모른다.

마찬가지로 SNS 속의 그들은 평범한 듯 보이지만 부모님 부양 문제로 고민하거나 건강에 대해서 걱정하고 조심할 수 있다. 직업이 불안정하거나 자녀들의 교육 문제로 골머리를 앓고 있을 수 있다.

이것을 너무나도 쉽게 증명해 주는 것이 바로 사주나 점이다. 아마 누군가의 점을 봐주려면 엄청나게 공부를 많이 해야 한다고 생각하거나 영험한 능력을 가지고 있어야 한다고 생각할 수도 있다.

하지만 사실은 누구라도 지금 당장 따라할 수 있다. 왜냐하면 대부분의 사람들은 사실 다방면에서 비슷한 고민과 문제를 가지고 있기 때문이다. 주변 지인들에게 손금을 보는 법을 배웠다고 하면서 테스트를 한 번 해 봐도 좋다. 방법은 간단하다. 대충 손금을 봐 주는 척 하면서 한 가지 주제를 고른다. 인간관계, 배우자, 돈, 직업, 건강, 교육, 꿈과 목표에 대한 주제 중에서 말이다. 그리고 상대방에게 넌지시 문제가 있다고만 말을 해 보자.

예를 들어 "사람과 관련해서 말 못할 고민이 있는 것으로 나오는데?", "직장에서 무슨 일이 있었던 것 같은데? 무슨 일이야? 왜 말을 안 했어?", "요즘 너의 몸에서 약간 특이한 신호들이 감지되고 있는 것 같은데?"와 같은 형태로 말이다. 아마 높은 확률로 "어? 어떻게 알았어? 사실 그게..."라는 말을 들을 수 있을 것이다.

지금 말하고 싶은 것은 인생에서는 누구나 '제각기 어렵고 힘든 문제를 가지고 있다'는 것이다. 그리고 그 문제가 해결되더라도 살다 보면 또 다른 문제들을 계속해서 만날 것이다.

우리가 부러워하던 그들이라도 어쩌면 우리를 부러워하고 있을지도 모른다. 우리가 전혀 생각지도 못한 이유로 말이다.

물론 지금 겪고 있는 문제의 크기가 결코 가볍다고 이야기를 하는 것이 아니다. 다만 스트레스를 안 받고 사는 사람들은 없고, 우리가 만약 그들처럼 평범해진다고 하더라도 삶에서 마주해야 하는 문제들은 항상 존재한다는 것이다.

그렇다면 평범한 부부를 부러워하면서 우리는 무엇을 원하고 있던 걸까? 바로 '안정적인 삶'이다. 다시 말해 '내가 저들처럼 지낼 수 있다면 뭔가 노력하지 않아도 편안할 텐데'라는 생각이다. 사실 그런 생각은 '대단한 착각'이라고 말하고 싶다.

물론 우리가 '안정적인 삶'을 원하는 것이 절대 잘못된 것은 아니다. 그것은 본능이기 때문이다. 우리의 몸은 '항상성'을 추구하도록 되어 있어서 날씨가 추울 때도 더울 때도 몸의 온도를 일정하게 유지한다. 시간이 지나도 입과 눈에서 수분이 유지된다. 이처럼 우리 인간은 생물학적으로도 '안정적인 삶'을 원한다.

다만 '안정적인 삶'이라고 해서 '변화가 없는 삶'이라고 생각하면 안 된다. 우리 몸이 안정적일 수 있는 이유는 매 순간 변화를 추구하고 있기 때문이다. 우리의 몸 안에서는 항상성을 유지하기 위해서 엄청나게 많은 일들이 벌어진다.

매순간 횡격막은 늘어났다가 수축하며 호흡을 반복한다. 심장은 스스로 전기 신호를 만들어 내고 혈액을 펌프질한다. 날씨가 추워지면 우리 몸의 모든 세포에서는 열을 발생시켜서 온도를 일정하게 유지시킨다. 날씨가 더워지면 피부를 통해 수분을 증발시켜 온도를 낮춘다.

우리의 몸은 '안정적인 삶'을 유지하기 위해서 항상 움직이고 변화를 추구한다. 그렇게 우리의 몸은 유지된다.

정말로 안정을 추구한다면 멈춰 있으면 안 된다. '왜 나는 평범하지 못할까'라는 생각만 하고 지금 삶에 안주할수록 오히려 '불안정한 삶'에 가까워지게 된다. 평범함과는 오히려 더 멀어지게 된다.

안정적인 삶을 살아가기 원한다면 스스로를 끊임없이 변화시켜야 한다. 그리고 이것을 당연하게 생각해야 한다. '이 나이에 뭘 또 배우겠어', '귀찮다. 언젠간 좋은날이 오겠지' 이런 생각들을 항상 경계해야 한다. 이런 생각들은 삶을 정체되게 만들고 '불안정한 삶'에 가깝게 만든다.

우리는 스트레스가 없는 삶에서 안정감을 느끼는 것이 아니다. 오히려 지루함을 느낀다. 반대로 스트레스에 적절하게 반응하고 방법을 찾고 새로운 것을 경험해 보는 그 과정 속에서 몰입과 즐거움 그리고 행복감을 느끼게 된다. 그리고 진정한 안정적인 삶을 얻을 수 있게 되는 것이다.

분명히 이 글을 여기까지 읽었다면 내가 왜 남들의 삶과 내 삶을 비교할 필요가 없는 것인지, 평범한 삶을 왜 추구할 필요가 없는 것인지를 자신만의 언어로 한 번 정리해 보길 바란다. 그러한 시도는 우리를 변화하게 만들고 그 변화는 우리가 안정감 있는 삶으로 한걸음 나아가게 해 줄 것이다.

남편과 괴롭다면 그 이유는
'성격 차이'가 아닙니다

우리나라의 이혼율이 심각하다는 것은 뉴스 등을 통해 자주 들었을 것이다. 통계 자료를 보면 이혼 사유 중 가장 큰 비율을 차지하는 것은 '성격 차이'다. 그렇다면 한 가지 의문을 가져 볼 필요가 있다. 결혼하기 전에 남편과의 성격 차이가 존재하지 않을 거라고 생각하고 결혼을 한 것일까?

요즘 결혼식을 가 보면 주례 없는 결혼식도 많아졌고, 진행도 10~15분 만에 끝나는 결혼식도 많다. 하지만 아무리 결혼식을 간소화 하더라도 빠지지 않는 절차가 있다. 바로 '결혼 서약서'다. 결혼식을 축하하러 온 모든 하객들 앞에서 신랑,

신부는 이렇게 맹세를 한다.

"평생 행복하게 잘 살겠습니다."

"어떠한 고난이 있더라도 서로 함께 헤쳐 나가겠습니다."

그 누구도 결혼하면서 '일단 지금 살아보고 성격차이가 너무 심하면 이혼하겠습니다'라고 생각하는 사람은 없을 것이다.

남자와 여자는 태어날 때부터 생각하고 행동하는 것이 다르다. 게다가 각자 다른 부모 밑에서 자랐기 때문에 세상을 바라보고 해석하는 가치관도 다를 것이다. 이런 두 사람이 만나 살다 보면 의견 차이는 존재할 수밖에 없다. 그러면서 서로에게 감정이 상하고 힘든 나날들을 보낼 수도 있다는 것을 알고 있다. 이미 결혼 전부터 두 사람은 성격 차이가 있다는 것을 알고 결혼을 한다. 그리고 상당한 기간 동안 그 성격 차이를 조율하고 극복하려는 노력으로 결혼 기간을 보낸다.

필자가 아내들을 코칭 해드리다 보면 다음과 같은 말들을 종종 듣는다.

"이렇게까지 남편하고 맞지 않는데 제가 맞춰가면서 살아야 하나요?"

"저처럼 이렇게 심각하게 안 맞는 부부도 보셨나요?"

아마도 이 아내들의 속마음을 들여다본다면 다음과 같을 것이다.

'남편에게 맞춰 주고 살면서 저는 너무 힘들었어요. 아마

저만큼 대한민국에서 억울한 사람도 없을 거예요. 저 좀 위로해 주세요.'

'다들 이렇게 괴롭게 사는 걸까요? 다른 사람들도 이렇게 힘들게 산다고 말해 주세요. 그러면 저는 원래 결혼이라는 게 이런 거구나 하고 그냥 받아들이고 살 수 있을 것 같아요.'

필자는 이런 질문을 한 아내들에게 형식적인 답과 위로를 건네기 보다는 한 가지 심리학 실험을 소개하고 싶다.

가트맨 박사가 진행한 유명하고 어마어마한 스케일의 실험이 있다. 가트맨 박사는 3,000쌍 가까이 되는 실제 부부들을 '러브랩'이라는 한 공간에서 같이 생활하게 했다. 그리고 24시간 쉴 새 없이 카메라로 그 부부들의 모든 행동과 대화를 녹화해서 분석을 했다. 이 실험의 목적은 성격 차이를 연구하기 위해서였다. 그래서 부부 각각의 성격, 학력, 직업, 수입, 나이, 외모, 결혼연수, 자녀 수 등의 요소들을 모조리 분석하였다. 그리고 어떤 요소들을 가진 부부가 행복한 부부 생활을 하는지를 조사해 본 것이다.

3,000쌍의 부부를 조사했다면 유의미한 통계가 나왔을 것이다. 예를 들어 '가계의 수입이 월 500만 원 정도 되면 어느 정도는 행복하게 산다'든지 '나이 차이가 세 살 나는 부부라면 대체적으로 행복할 확률이 높다'든지 '남편의 얼굴이 멋있으면 이런저런 불만이 있어도 참고 산다' 등의 통계들을 예상해

볼 수 있을 것이다.

그런데 실험의 결과는 놀라웠다. 부부의 성격, 학력, 직업, 수입 등의 조건들은 부부의 행복과는 전혀 상관이 없다는 결론이 나왔다.

이 결과가 의미하는 바가 무엇일까? 성격 차이는 이혼을 하게 되는 진짜 이유가 아니라는 것이다. 어떤 부부들은 서로 너무 달라서, 너무 안 맞아서 못 살겠다고 한다. 하지만 어떤 부부는 성격이 너무 다르니 오히려 항상 새롭고 서로를 보완해 줄 수 있어서 행복하다고 말한다. 어떤 부부는 성격이 너무 비슷해서 행복하다고 하지만 또 어떤 부부는 성격이 너무 비슷해서 지루하다고 여길 수도 있다.

오히려 이 실험의 결과에서 주목할 점은 따로 있다. 행복한 결혼 생활을 하는 부부와 그렇지 않은 부부의 차이는 따로 있었다는 것이다. 바로 갈등이 생겼을 때 나누는 대화와 대처하는 행동 방식에서 차이가 있었다고 한다. 이 연구를 오랫동안 진행해 온 가트맨 박사는 두 부부가 대화하고 행동하는 것을 15분만 관찰하더라도 이 부부가 행복한 부부로 살아갈 것인지 아니면 이혼을 할 것인지를 무려 92%의 높은 확률로 예측이 가능하다고까지 말하고 있다.

신기하지 않은가? 성격차이나 돈, 외모, 학벌 같은 것들이 부부 사이에서는 문제가 되지 않는다는 것이다. 그것보다는 두 부부가 어떻게 다투느냐에 따라서 결혼 생활의 만족도가 달라진다는 것이다. 결국 성격 차이가 아니라 배우자와 서로 관계를 잘 맺는 기술을 알고 있느냐 아니냐의 차이에 따라 우리 인생의 많은 부분이 달라질 수 있다는 것을 의미한다.

지금 남편과의 관계가 너무 힘들어서 못 살겠다는 생각이 든다면 그 문제의 원인을 '부부간 성격 차이'라고 단정지을 수는 없다. 두 가지 중 하나다. 한 가지는 남편을 어떻게 이끌고 다뤄야 하는지를 모르는 것이다. 그게 아니라면 남편이라는 사람과 관계를 유지하고 이끌어 나가고 싶은 의욕이 없는 것일 수 있다. 만약 후자가 이유라면 하루 빨리 이혼을 하는 것이 남편과 아내 서로에게 좋은 일이다. 물론 경우에 따라서는 쇼윈도 부부로 지내는 것도 좋은 선택일 수 있다.

하지만 궁극적으로 원하는 것이 이혼도, 쇼윈도 부부의 삶도 아니라면 이제는 조금씩 남편을 어떻게 다뤄야 하는지 차근차근 알아가야 할 필요가 있다.

지금 이후로는 "남편과 나는 너무 맞지 않아"라고 말하며 나의 힘든 상황을 남들에게 쉽게 합리화 하지 않았으면 한다. 주변에 남편에 대한 이런 저런 불만들을 토로하고 잠시 잠깐의 위로와 공감만을 받아서는 남편과의 실질적인 문제가 해결되지는 않기 때문이다.

그러나 남편과의 관계를 이끌어 갈 기술을 지금부터 익힌

다면 우리 삶에서 많은 부분이 변화하기 시작할 것이다. 그리
고 남편과의 성격 차이는 오히려 부부가 행복해질 수 있는 밑
거름이 될 것이다.

결혼 전으로 돌아가면
지금보다는 잘 지낼까요?

사람이라면 지난날에 했던 많은 결정들에 대해서 후회하며 살아가기 마련이다. 어쩌면 '나는 왜 이런 남편과 결혼을 했을까? 좋은 사람들도 많은데', '부모님이 말리는 결혼이었는데 내가 미쳤지?', '아이라도 없었으면 이혼을 편하게 했을 텐데'라는 생각을 한번쯤은 해 보았을 것이다.

결혼에 대해서 후회하는 이유는 모두 다를 것이다. 다만 이런 후회의 순간에는 현재에 머물러 있지 못하고 과거로 가는 타임머신을 타게 된다. 그리고 과거 특정 시점으로 돌아가서 우리가 했던 행동들을 되짚어 보고 '맞아, 그때 다른 선택을 했다면 현재의 삶이 지금보다는 고통스럽지 않았겠지'라는 결론을 내린다.

하지만 잠깐 동안 탔던 과거로 가는 타임머신이 실제가 아니라는 것을 알아차리게 된다. 그리고 다시 현실을 마주하게 되었을 때 내 삶이 한없이 슬프고 불행하게만 느껴진다.

우리는 이미 알고 있다. 이렇게 과거를 떠올리고 지나간 일에 자책하는 행동이 실제 삶에는 크게 도움이 되지 않는다는 것을 말이다. 후회를 할 때마다 어제보다 오늘 더 행복해지기 위해서 나아가려고 하는 의지를 스스로 좌절시킨다.

어차피 우리가 비슷한 후회와 자책을 계속 반복할 거라면, 과거로 돌아가서 다른 선택을 했을 때 과연 지금보다 더 편안할 수 있는가? 지금보다 행복해질 수 있는가? 이 질문들부터 차근차근 답해 볼 필요가 있다.

연애와 결혼에 관해서 인터넷을 조금만 뒤져보고 관련된 책들을 훑어보면 '좋은 배우자를 선택하는 법', '결혼 잘하는 법' 등을 다룬 내용들이 넘쳐 난다. 우리가 과거로 돌아가서 이런 방법들을 참고하여 열심히 공부하고 결혼을 매우 신중히 선택하였다면 지금보다는 좀 더 나은 삶을 살고 있을 것 같다는 생각도 어렴풋이 할 수 있을 것이다.

게다가 우리는 이미 실패해 본 경험도 있다. 현재 남편과의 결혼 생활에서 뼈아픈 고통을 한 번 맛보았기 때문에 최소한 지금의 남편과 비슷한 성향과 배경의 사람만 아니라면 괜찮다고 생각할 수도 있을 것이다.

하지만 이런 생각에는 몇 가지 오류가 있다.

첫째, 같이 살아 보지 않고서는 상대방이 어떤 사람인지에 대해서 정확하게 파악하기가 어렵다는 것이다. 호감이 있는 사람과 친밀감을 형성하고 관계를 발전시켜 나갈 때에는 상대방의 특성을 긍정적으로 보는 경향이 있다. 우리와는 다른 상대방의 모습에서는 호기심이 생기고, 비슷한 부분에서는 동질감을 느끼게 된다. 게다가 '사랑의 콩깍지'라고 불리는 힘의 위력은 대단하다. 상대방과의 불편한 부분도 크게 느껴지지 않는다. '이 정도면 참을 만하지'라는 생각이 들 수 있다.

하지만 한 공간에서 같이 생활하면서 서로에게 익숙해지면 어떤 일들이 발생할까? 상대방에 대한 호기심은 사라지고, '저 사람은 도대체 왜 저러는 걸까?'라는 생각과 함께 답답함이 생기기 시작한다. 나와 비슷해서 동질감을 느꼈던 부분은 '다른 남자들은 그렇지 않던데'라는 생각과 함께 지루함과 아쉬움으로 바뀌기 시작한다.

어쩌면 이때부터 상대방을 객관적으로 바라볼 수 있는 눈이 생기기 시작한 것일지도 모른다. 그런데 정말로 결혼하기 전에 상대방이 어떤 사람인지 제대로 파악이나 해 볼 수 있을까? 아마도 나와 잘 맞는 사람들을 찾아다니고 경험해 보다가 결혼할 수 있는 시기를 놓쳐 버릴지도 모른다. 시간이 지나고 나이를 먹을수록 시대상과 잘 맞는, 높은 가치를 가진 남자들은 이미 다른 사람들과 결혼을 했을 것이다.

둘째, 상대방을 선택하는데 공들인 시간과 비용만큼 상대방의 행동 하나하나에 끌려다니게 될 것이다. 예를 들어 길을 지나다가 우연히 이름 없는 옷가게에서 마음에 드는 옷을 골랐다고 가정해 보자. 옷을 입어 보니 원하는 스타일이었고 가격까지 굉장히 저렴하다면 고민할 필요도 없이 구매를 할 것이다. 그리고는 그 옷을 입고 다니면서 여러 가지를 발견할 것이다. 마감이 조금 섬세하지 못한 점도 보게 될 거고, 재질이 생각만큼 좋지 않다는 것도 알게 될 것이다. 하지만 그럼에도 큰 불평 없이 잘 입고 다닐 것이다. 더 이상 필요가 없다면 갖다 버리는 것도 수월할 것이다.

반대로 큰맘을 먹고 고급 의류 매장에서 1,000만 원 짜리 옷을 사기로 했다고 가정해 보자. 아마도 옷을 구매를 하는데 짧게는 2~3시간, 길게는 2~3주를 고민할지도 모른다. 여러 가지 고민한 끝에 매우 신중하게 구매를 했다. 그런데 이 1,000만 원 짜리 옷을 입고 다니다 생각보다 재질이 좋지 않다는 느낌을 받거나 조금이라도 이상한 마감을 발견하게 되면 어떨까? 아마도 그 옷을 입을 때마다 기분이 좋지 않을 것이다. '내가 이런 옷을 입으려고 1,000만 원을 주고 샀나?'라는 생각을 하면서 말이다. 마음에 들지 않는다고 하더라도 쉽사리 버리거나 팔기도 어려울 것이다.

마찬가지로 남편은 어떤가? 남편을 선택하면서 이것저것 재고 따졌던 시간이 많을수록 남편의 사소한 단점에도 민감하게 반응하고 초조해 하며 불안할 것이다.

'내가 이렇게 공들여 선택한 남편은 이래서는 안 되는데'라는 생각이 계속 들면서 말이다. 실제로 남편과 같이 사는 것이 죽을 만큼 고통스럽더라도 쉽사리 이혼을 선택하기도 어려울 것이다. 남편과 잘 지내는 것도, 벗어나기도 마음처럼 쉽지 않을 것이다. 남편에게 투자한 시간과 정성이 많을수록 더욱 놓기가 쉽지 않을 것이다.

셋째, 살아가면서 미래를 예측하고 대비할 수 있는 부분은 극히 일부분이다. 우리는 항상 예상하지 못한 상황들을 마주하게 된다. 과거로 돌아가 새로운 남자와 결혼을 한다고 해서 스트레스를 전혀 받지 않는다는 보장은 없다. 예를 들어 결혼 전으로 돌아가 새로운 사람을 만나 가정을 꾸렸지만 아무리 노력해도 아이가 생기지 않는 상황을 맞이할지도 모른다. 어떤 경우는 시어머니가 갑자기 쓰러지면서 시어머니 간병에 신경을 써야 하는 상황을 맞이할 수도 있다.

과거로 돌아가서 새로운 남편을 만난다고 해도, 지금 남편 때문에 겪고 있는 고통만 쏙 사라지고 다른 일들은 모두 순조

롭게 진행될 거라는 보장도 전혀 없다.

여전히 과거로 돌아가고 싶다는 생각이 드는가? 다른 배우자를 만났다면 지금보다 무조건 좋겠다는 생각이 드는가? 결코 그렇지 않다는 것을 인정하고 이해하였으면 한다.

인간의 무의식은 과거, 현재, 미래를 구분할 수 없다고 한다. 예를 들어 인생에서 가장 기억에 남았던 여행을 추억해 보자. 사진이 있다면 한 번 찾아보고 없다면 눈을 감고 그 여행에서 인상 깊었던 장면을 떠올리자. 그때의 사진이나 기억을 더듬는 것만으로도 그 당시 느꼈던 즐겁고 행복한 감정들을 잠시 느껴볼 수 있을 것이다. 우리가 했던 여행은 과거에 끝난 일이고 현재까지 이어지지 않는다. 하지만 우리의 무의식에서는 마치 지금 여행을 하고 있는 것처럼 그때와 똑같은 기분을 느끼게 한다.

그래서 과거에 머물러 후회와 자책, 억울함 등을 떠올리며 살아간다면, 과거에 느꼈던 것처럼 현재도 불행할 것이고, 미래도 계속 불행해질 것이다.

이제는 다르게 생각할 수 있어야 한다. 과거의 후회와 자책은 과거에 남겨두고 현재 무엇을 할 것인가에 초점을 맞춰야 한다.

'결혼 전으로 돌아가면 지금보다 더 나아지지 않을까?'라는 생각은 접어두고, '어떻게 하면 오늘 더 잘 지낼 수 있을까'

를 고민하였으면 한다. 현재에 집중할 때 점점 더 매력적이고 가치 있는 사람이 될 것이다. 그리고 배우자와의 관계도 훨씬 좋아질 수 있다.

누구도 안심할 수 없는 문제,
외도

　남편을 잘 다룰 수만 있다면 남편의 외도를 예방할 수 있다고 생각하는가? 남편이 외도를 하지 못하게 외모 관리를 철저히 하고, 시시때때로 애교도 부리며, 남편의 사소한 행동에도 '대단하다', '멋지다' 등의 칭찬을 해 주면 평생 다른 곳에 한눈 팔지 않고 아내만 바라볼 수 있다고 생각하는가?

　결론부터 말하자면 절대로 그렇지 않다. 남들이 부러워할 정도로 부부 관계가 좋지만 그럼에도 남편이 외도를 하는 경우가 많기 때문이다. 남편의 외도는 완벽히 통제할 수 있는 영역이 아니다.

살아가면서 많은 일들을 겪는다. 우리가 겪었던 일들 중에 하나가 바로 남편을 만난 것이다. 남편을 처음 만나게 된 것은 어쩌면 아내의 의지가 아니었을 것이다. 소개팅에서, 직장에서 만난 것은 일상에서 우연하게 발생한 여러 가지 사건들 중에 하나였을 것이다. 그러다가 결혼으로 발전하게 된 것이다.

운전을 하다 보면 당연히 사고가 나는 것을 원하지 않는다. 그렇지만 한번쯤은 경험을 하게 된다. 남편의 외도도 마찬가지다. 물론 남편의 외도가 자동차 접촉사고처럼 가볍게 넘길 수 있는 문제는 아닐 것이다. 다만 완벽히 통제할 수 없다는 것은 비슷하다.

그리고 남편이 외도했다는 사실을 알게 되면 누구나 비슷한 고통을 겪는다. "네가 나한테 어떻게 이럴 수 있어?"라며 비난을 쏟아 붓는다. 그러다가도 그 비난의 화살이 자신에게 향하며 내가 남편의 마음을 잘 헤아리지 못한 것은 아니었는지 자책을 한다.

정작 남편은 자신의 잘못이 아니라고 변명하며 거짓말하는 모습을 보인다. '잘못한 사람은 반성이라는 것을 모르는데 도대체 왜 나 혼자서 자책을 하고 있었을까?'라는 생각이 들면서 자존감은 한없이 무너져 내린다.

누구나 비슷한 고통을 겪지만 그 고통에서 빠져나오는 시간은 사람마다 많은 차이가 존재한다. 어떤 사람은 현재 벌어진 남편의 외도에 대해서 현실을 빨리 인정하고 앞으로 해야 할 일이 무엇인지를 찾는다. 그래서 남편과의 사이가 외도하기 전보다 더 좋아지는 경우도 종종 있다.

반대로 어떤 사람은 남편에 대한 배신감, 분노 그리고 평범한 결혼 생활을 하고 있는 남들과 내 처지를 비교하면서 우울감에 빠져 하루하루를 보내기도 한다. 물론 죄를 지은 남편은 평생 아내에게 용서를 구하며 살아야 하는 것이 마땅하다. 하지만 현실은 생각과는 다르다. 남편은 자신이 무엇을 잘못했냐며 적반하장으로 나오기도 하고, 처음에는 아내에게 미안한 마음을 가졌더라도 시간이 지나면서 점점 아내를 피하고 싶어지기도 한다.

그렇다면 생각해 보자. 고통스럽지만 현실을 재빨리 인정하고 해야 할 일을 빨리 찾는 아내를 A라고 하자. 분노와 우울감에 빠져 있는 아내를 B라고 하자. A, B 중 어떤 아내가 남편의 외도 문제를 잘 해결할 수 있을까? 남편이 보기에 어떤 아내에게 좀 더 미안함을 느끼고, 아차 하는 생각을 만들어 줄 것인가? 그리고 어떤 아내가 삶에서 만족감을 더 느끼며 살아갈까? 당연히 A일 것이다. 남편의 외도 문제뿐만이 아니라 A 유형의 사람들은 삶에서 마주하는 대부분의 문제들을 적절하게 대응해 나갈 수 있을 것이다.

그러면 A와 B 유형 사람들의 차이점은 무엇일까? 바로 남편에 대한 의존도와 관련이 있다. 사실 필자의 경험상 대부분의 사람들이 남편의 여자 문제를 겪게 되면 B 유형에 가까운 태도와 행동을 보인다. 아내는 알게 모르게 남편에게 경제적으로든 심적으로든 많이 의존하고 있었을 것이다. 그리고 부부는 그렇게 살아야 한다고 생각하고 있었을 것이다. 남편이라면 기꺼이 내 아픔을 함께 공감해 줘야 하고, 아내가 싫어하는 행동은 하지 않아야 하는 것이라고 반복적으로 말했을 것이다. 그리고 남편이 아내의 말을 들을 것이라고 철석같이 믿었을 것이다.

하지만 현실에서는 어떨까? 부모도 자녀가 힘들어 하는 부분을 하나도 빠짐없이 모두 도와주거나 책임져 줄 수는 없다. 부모도 부모 나름대로의 인생이 있기 때문이다. 하물며 남편은 어떠한 존재인가? 남편은 아내를 부양해야 할 의무를 가진 부모가 아니다. 남편은 남편대로, 아내는 아내 나름대로 어느 정도는 독립적으로 생활할 수 있어야 한다.

이렇게 생각해 보면 좋을 것 같다. 아직까지 땅에 단단하게 뿌리를 내리지 못한 나무가 있다. 왜냐하면 이 나무는 지금까지 자기보다 큰 나무들에게 기대어 살아왔기 때문이다. 그래서 굳이 땅에 깊이 뿌리를 내리지 않아도 나름 괜찮았을 것이다. 그런데 이 나무가 막상 혼자가 되다 보니 예전처럼 또다시 기댈 나무들을 찾고 있다. 그렇지만 이 나무는 이미 높이

자랐다. 이 큰 나무에게 기댈 곳을 제공해 줄 다른 나무가 더 이상 없는 것이다. 만약 이 나무에게 우리가 조언을 해준다면 뭐라고 해줄 것인가? 계속 기댈 곳을 찾으라는 말은 하지 않을 것이다.

"넌 이제 너에게 맞는 땅을 찾아야 해. 아마 네가 좋아하는 흙이 있고, 네가 원하는 만큼의 수분이 있는 땅이 있을 거야. 그 땅을 찾는 시간들이 필요할 거야. 그런데 그 땅은 그냥 가만히 생각만 한다고 해서 찾아지지는 않을 거야. 네가 그 땅을 직접 가 보고 뿌리도 내려 봐야 할 거야. 비로소 땅에 단단하게 뿌리를 내리면 다른 나무에게 기대지 않아도 괜찮을 거야."

마찬가지로 우리 또한 지금까지 누군가에게 의존을 하며 살아 왔을 것이다. 어렸을 때는 부모님이었고, 학창시절에는 친구들 그리고 얼마 전까지는 그 대상이 배우자였을지도 모른다. 이제는 스스로에게 뿌리를 내릴 시간이 되었다. 누군가에게 의지하지 못한다면 혼자 서 볼 수도 있을 것이다.

그럴수록 우리는 점점 더 매력적이고 가치 있는 사람이 될 것이다. 그리고 남편의 외도 문제가 있더라도 우리가 원하는 대로 문제를 해결할 수 있을 것이다. 적어도 남편이 절대로 외도하지 않도록 통제하려고 매일 걱정하고 노심초사하며 사는 것보다는 나을 것이다.

PART 02

아내들이여,

진짜

갑이 되어라

남편을 조종하라고요?

여러분은 '조종'이라는 단어를 어떻게 느끼는가? 아마 썩 좋은 느낌이 들지는 않을 것이다. 누군가 나를 물건이나 강아지처럼 대한다는 느낌이 들기 때문이다. 게다가 내 삶과 행복은 내가 선택할 수 있는 부분인데 누군가에게 그런 선택권을 빼앗긴다는 생각이 들기도 한다. '조종'이라는 단어의 사전적 의미가 '다른 사람을 자기 마음대로 다루어 부림'으로 나와 있는 것을 보면 썩 유쾌하지 않은 느낌이 잘못된 것은 아니다.

결혼 생활을 하다 보면 '남편이라는 인간을 개조시켜 버리고 싶다'는 생각을 한번쯤은 한다. 하지만 아무리 바꿔 보려고 해도 마음대로 되지 않았을 것이다. 사람은 잘 바뀌지 않는다는 것을 우리는 이미 잘 알고 있다. 사람들은 자신만의 고정관념과 행동방식이 있기 때문이다.

그래서 필자는 남편을 '개조'하려고 하지 말고 '조종'하라고 이야기한다. 왜냐하면 남편을 '조종'하다 보면 스스로 변해 있는 남편을 발견하기 때문이다. 이 발상의 전환 하나만으로도 남편과의 관계가 편해지고 행복한 결혼 생활을 할 수 있다는 것을 차차 알게 될 것이다.

'조종'이라는 단어의 사전적 의미는 별로일지 모르겠다. 그러나 '조종사'라는 단어는 생각보다 멋지게 다가올 것 같다. 그래서 비행기를 대하는 사람들에 대한 이야기로 조종에 대해 이야기해 보려고 한다.

비행기를 개조하는 엔지니어가 있고 비행기를 조종하는 조종사가 있을 것이다. 비행기를 '개조'하는 엔지니어들은 비행기 자체를 뜯어 고친다. 엔지니어는 비행기에 결함이 발생하면 원인을 찾고 필요하다면 부품을 교체한다.

반면 조종사들은 엔지니어와 다른 관점으로 비행기를 바라본다. 비행기가 가지고 있는 조건 그 자체를 잘 이해하고 비행기에 맞는 조종법을 선택해서 비행기가 안전하게 하늘을 날 수 있도록 한다. 그러기 위해서 험난하고 힘든 교육을 받는다.

엔지니어들은 기본적으로 비행기에 '결함'이 있다고 생각한다. 그래서 비행기에서 잘못된 부분을 찾고 고치려고 노력한다. 반대로 조종사들은 비행기가 예전 모델이든, 오래되어서 제 기능을 못한다고 하더라도 그걸 바꾸려고 하지는 않는다. 비행기가 예전 모델이라면 예전 모델에 맞게, 노후되었다면 그것들로 인해 불안정한 비행이 되지 않도록 비행하는 조종 방법을 익힌다.

엔지니어는 비행기의 문제점은 잘 찾아내지만 실질적으로 비행기를 움직이게는 못한다. 하지만 조종사는 비행기가 어떤 조건을 가지고 있든 비행기를 자신이 원하는 목적지까지 제 시간에 맞춰 도착시킨다.

그럼 이런 내용을 결혼 생활에 대입해 보자. 우리의 삶이 편해지려면 남편을 고치는 엔지니어가 되어야 할까? 아니면 남편에게서 원하는 행동을 이끌어내는 조종사가 되어야 할까?

필자는 인간관계에서 만큼은 '조종사'의 역할을 벗어날 수 없다고 생각한다. 아마 많은 사람들이 공감할 것이다. 남편, 자녀, 직장 관계, 친구가 내 맘 같지 않다는 것을 경험하였을 것이다. 그들이 내가 원하는 대로 이끌려왔으면 좋겠다고 생각을 한다. 보통 이럴 때 엔지니어가 된다.

물론 상대방이 우리의 냉철한 진단을 받아들이고 이해하려는 태도를 가지고 있다면 도움을 줄 수 있다. 하지만 대부분의 경우는 우리가 엔지니어처럼 구는 태도를 별로 좋아하지 않는다. 물론 상대방의 잘못을 객관적으로 잘 지적하여 상대방도 나에게 도움을 받았다고 생각은 할 수 있다. 하지만 나를 가까이 하고 싶어 하지 않을 때가 많다. 그저 그들보다 좀 더 나이가 많은 사람이어서, 직장 상사여서 혹은 똑똑한 사람이어서 그들에게 교훈을 줄 수 있었을 뿐이다.

게다가 상대방을 위해서 상대가 가진 문제에 대해 최대한 열심히 이야기를 하는 데도 상대방은 '이게 도대체 뭐가 문제냐?'고 반문하기도 한다. 이처럼 자신의 문제 자체를 인식하지 못하기도 한다. 이때는 상대방에게 도움되는 조언도 못하고, 관계도 나빠질 가능성이 매우 높다.

그런데 왜 상대방이 나를 싫어할 줄 알면서도 상대방의 문제를 찾아서 개조해야 한다고 생각할까? 우리가 직접 바꿔 줄 수 없다는 것을 알면서도 말이다.

'가족이라면 틀린 것은 틀렸다고 말해 줘야죠.'

'부모라면 해야 할 도리가 있으니까요.'

'자녀들이 아빠의 못된 행동을 보고 배우면 안 되잖아요.'

이유는 정말로 많다. 그러나 이 모든 이유를 한 마디로 정리하면, 상대방의 특정 행동이 우리의 감정을 불편하게 만들기 때문이다. 그리고 그 불편한 마음을 해결하고 싶은 것이다. 그런데 이러한 시도는 우리에게 어떤 결과를 가져다줄까?

예를 들어 자녀가 담배 피우는 것을 봤다고 가정해 보자. 흡연은 건강에 좋지 않기에 자녀의 건강이 걱정되어 자녀가 담배를 피우지 않게 만드는 방법을 고민할 것이다. 그리고 자녀에게 부모로서 올바른 길을 가게 만들겠다고 다짐을 할 것이다. 그렇게 마음의 안정을 기대하며 자녀에게 흡연의 단점에 대해 말하게 된다.

대부분의 사람은 누군가 자신에게 문제가 있다는 지적을 받아들이기 힘들어 한다. 오히려 자녀는 왜 자신이 담배를 피울 수밖에 없었는지 이상한 논리를 펼치기 시작할 것이다. 여기서 우리의 마음은 계속 안정을 찾지 못한다. 오히려 '엄마가 잔소리만 안 해도 담배 안 피워'라는 소리를 들을지도 모르겠다.

우리가 인간관계에서 조종사의 역할을 벗어날 수 없다면 엔지니어로서의 삶은 내려놓기를 바란다. 엔지니어로 사는 삶이 우리의 조종을 방해할지도 모르기 때문이다.

예를 들어 갑자기 비행기가 조종사의 마음에 들지 않아서 비행기를 고치기로 마음을 먹었다고 가정해 보자. 출발할 시간이 지났는데도 비행기만 고치고 있으면 어떻게 될까? 비행기는 한 발짝도 움직이지 않을 것이다.

마찬가지로 우리가 원하는 것은 남편이 근본적으로 개조되는 것이 아니다. 남편이 우리가 원하는 행동을 하도록 조종하는 것이다. 그렇다면 엔지니어가 아닌 멋진 남편 조종사가 되어야 한다.

물론 이렇게 말하는 사람도 있다.

"그런데 우리가 남편을 조종하면 남편이 우리를 싫어하지 않을까요?"

정말로 그럴까? 오히려 그 반대다.

인간은 상대방에게 조종을 잘 당할 때 편안함을 느낀다. 지금 누군가에게 조종당하지 않고 자유 의지대로 살아가고 있다고 생각하는가? 절대로 그렇지 않다. 우리는 태어나자마자 부모님에게 조종당한다. 부모님의 환호 속에서 걸음마를 잘 배우도록 올바르게 조종당했다. 그렇기 때문에 지금 잘 걸어 다니고 어디든 원하는 곳에 갈 수 있다.

친절한 식당에 가면 점원이 이렇게 이야기한다.

"여기 자리 괜찮네요. 여기 앉아 주세요."

십중팔구는 점원에게 고맙다고 하면서 빨리 자리에 앉을 것이다. 점원에게 빨리 자리에 앉도록 조종당했다. 그렇지만 직원에게서 오히려 편안함을 느낀다.

매우 불친절한 식당을 방문하면 점원은 들어온 손님을 보고도 본체만체한다. 이 식당의 점원은 올바르게 조종하지 않았다. 그래서 이 식당에 안 좋은 감정을 가질 것이다.

인간관계에서 조종이 없는 삶이 존재할까? 앞서 말한 대로 인간은 결국 '조종사'라고 생각한다. 누구든 조종할 수 있고 조종당하며 살아간다. 우리에게 필요한 것은 '남편을 조종하지 않는 삶'이 아니라 '남편을 올바르게 조종하는 삶'이다. 아내가 남편을 올바르게 조종한다면 남편은 아내를 좋아할 것이다. 그리고 아내에게 잘 보이기 위해서 스스로 바꾸려고 노력할 것이다.

얼마 전 과거에 코칭 해드렸던 아내분에게 연락이 왔다. 예전에 필자는 그 아내분에게 남편의 말도 안 되는 주장 몇 가지에 다르게 대응해야 한다고 말했었다. 오랜만에 필자에게 연락을 한 이유는 남편이 요즘 많이 변했다는 것을 알리고 싶어서라고 했다. 예전에는 "네가 나가서 무슨 일을 하느냐"라고 무시하던 남편이었는데, 지금은 "네가 요즘 많이 바뀌긴 했다. 나 좀 예뻐해 주라"는 말을 하기 시작하셨다고 한다.

그리고 또 이런 말도 했다고 한다.

"뭐 하나 사더라도 알뜰살뜰 따지는 게 예뻐 보인다."

사실 아내분은 남편을 위해 행동을 바꾸지 않았다. 원래 성격상 뭔가를 살 때 하나하나 잘 검토하고 신중히 결정을 하는 편이라고 한다. 단지 남편은 예전과 다르게 아내의 똑같은 행동을 긍정적으로 보기 시작한 것뿐이다. 실은 남편이 바뀌었지만 남편은 아내가 바뀌었다고 착각하고 있는 것이다.

이 아내분은 다른 것을 한 것이 아니다. 그저 예전보다 좀 더 올바른 조종 방법을 선택하였을 뿐이다. 결국 남편에게서 원하는 행동을 얻었고 당당하게 '갑'이 되었다.

지금 여러분은 남편을 올바르게 조종하고 있는가?

이유 찾을 시간에
차라리 '갑'이 되세요

아내들은 남편의 잦은 회식이나 술 문제부터 육아와 가사 분담 문제, 양육관 차이, 경제관념 차이, 외도와 그로 인한 의심과 상처 등 정말 셀 수도 없는 문제들을 걱정하고 불안해 한다. 그래서 아내들은 남편에게 말한다.

"회식을 줄여라", "술을 줄여라", "집에 오면 아이한테 신경 좀 써라", "택시는 한 달에 한 번만 타라", "그 여자하고는 그렇게 좋았느냐", "나한테도 좀 신경 좀 써라" 등을 반복한다. 꽤 오랜 시간이 지나면 이런 말이 전혀 먹히지 않는다는 사실을 발견하게 된다. 결국 "너만 포기하면 괜찮아져", "원래 그렇게 사는 거야"라는 말을 주위에서 듣는다.

　그러면 이제 하고 싶은 말이 있어도 남편과 사이가 좋아지지 않을 것을 알기에, 남편이 화를 낼 것을 알기에, 남편이 폭력과 폭언을 쓸 것을 알기에, 오히려 내 속만 타들어갈 것을 알기에, 남편에게 할 말도 제대로 하지 못하고 속으로만 끙끙 앓고 지내는 경우를 정말 많이 본다.

　몇 개월, 많게는 몇 년 동안 이런 과정을 겪으면서 남편과 아내 사이에는 심리적인 권력 서열이 발생하게 된다. 심리적인 권력 서열이라는 것이 과연 무엇일까?

　예를 들어 학생들을 통제해야 하는 선생님을 생각해 보자. 교사가 학생들을 통제할 수 있는 권한이 있기에 표면적으로 보이는 서열은 선생님이 '갑', 학생이 '을'이다. 그런데 그런 선생님의 통제에 따르지 않는 굉장히 '자기중심적인' 학생들이 있다. 그 학생들 때문에 선생님은 골머리를 앓는다. '저 아이를 어떻게 가르칠 방법이 없네', '화를 내고 벌을 줘도 말을 안 듣는데 어떻게 하지' 등의 생각을 하면서 힘들어 한다.

　그리고 그 학생의 태도와 행동에 선생님은 끌려다니게 된다. 또 그 학생이 말썽을 부리지 않을까 걱정하고 불안해 한다. 과연 누가 상대의 눈치를 보고 끌려다니는 사람일까? 말썽피우는 학생일까? 아니면 노심초사하는 선생님일까?

　여기서 보면 심리적인 권력 서열은 학생이 '갑', 선생님이

'을'이 되어 버렸다. 아마 이와 비슷한 상황들은 회사의 상하 관계나 자녀와 부모 관계에서도 자주 볼 수 있다.

그렇다면 이제 우리의 상황에 적용해 보자. 표면적으로는 아내가 남편에게 항상 강하게 요구하고 화도 내기에 아내가 권력을 쥐고 있는 '갑'처럼 보이지만(최소한 다른 사람들 눈에는 그렇게 보인다) 실제로는 아무것도 하지 않은 채 편안하게 본인이 얻을 이득만 챙기는 남편이 '갑'이다. 이미 할 말도 못하는 상태라면 남편이 표면적, 심리적으로도 모두 '갑'인 경우다. 이런 상황에 빠져 있는 아내는 주변에서 "너는 왜 그렇게 사냐? 이혼해라"라는 말을 듣게 된다.

필자는 착한 남편을 만났어야만 한다는 절망적인 말을 하려고 하는 것이 아니다. 아내 스스로 이런 심리적인 권력 서열을 이해하고 바꿀 수 있는 방법을 하나둘 익혀 나가면 심리적인 갑을 관계는 언제나 바뀔 수 있다.

역사 속에서도 그런 인물들을 찾아볼 수가 있다. 이집트의 '클레오파트라', 중국의 '양귀비'처럼 말이다. 분명 외모 이외에 자신의 사람을 심리적인 '을'로 만들 수 있는 기술들을 알고 적용했기에 역사에서 그렇게 평가될 수 있었던 것이다.

그냥저냥 살아가는 부부는 누구나 갈등을 겪고 심하면 포기하거나 체념하고 살아간다. 부부 관계로 필자에게 코칭을 받는 사람 중에도 분명 표정과 말에서는 남편과의 갈등이나 상처 때문에 울상인 표정을 짓고 있는데도 불구하고, SNS 프로필에는 '이렇게 아픔을 겪고 있는 부부가 맞나?' 싶을 정도로 행복해 보이는 사진을 올린 경우를 자주 보았다.

그럴 때마다 가정 안에서는 힘들지만 밖에서는 아닌 척을 하는 '쇼윈도 부부'가 정말로 많겠다는 생각도 들었다. 힘든데 힘들다는 말도 제대로 못할 것만 생각하면 마음이 너무 아프다.

이렇게 체념하고 괜찮은 척 한다고 문제가 해결되지는 않을 것이다. 상황을 근본적으로 바꾸지 않으면 남편의 행동 변화는 일어나기 힘들다고 생각해야 한다. 오히려 남편과의 관계가 악화되지 않는 것이 다행이라고 생각해야 할 정도다. 하지만 남편과의 심리적인 갑을 관계를 바꿔 놓는다면 일상생활 속에서 새로운 경험을 하게 될 것이다.

대신 이 글만 읽고 섣부르게 판단해서 갑이 되려고 하지는 말아야 한다. 남편 스스로 자신이 조종당하고 있다는 느낌이 드는 순간 실패하게 된다. 다시 아내는 '을'로 전락해 버리게 된다. 그래서 표면적으로 보이는 권력 구조는 잘 유지시키면서 심리적으로 '갑'이 되어 남편에게 미치는 나의 영향력을 넓혀 나가는 방법에 대해 이해하는 것이 먼저다. 그리고 그 이후에는 일관되고 지속적인 노력으로 갑을 관계를 바꾸어 가는 것이 중요하다.

실제로 충분한 시간이 지나면 표면적인 '갑'의 위치도 자연스럽게 쟁취할 수도 있다. 그때는 아내 스스로가 표면적인 갑의 위치를 점할 것인지 이대로 유지할 것인지 결정하면 된다. 그 덕에 부부 사이는 아내를 중심으로 돌아가게 되면서 가정의 행복은 자연스럽게 찾아올 것이다. 이 모든 것은 여러분이 선택할 수 있다. 어떤 선택을 하겠는가?

사회적으로 불평등한 결혼 구조와 분위기 속에서 평범한 아내로 손해를 감수하고, 참고 희생하며 살아갈 것인가? 아니면 나를 위해서 남편을 다루는 기술들을 하나둘 배우고 내가 원하는 가정을 꾸려갈 것인가?

내 감정을 들여다보는 것이
먼저입니다

코칭을 하면서 '정말 안타깝다'라고 생각하는 경우가 종종 있다. 그 중 하나가 이런 경우다. 부부 관계에 대해 책도 많이 보고 코칭의 방향에 대해서도 이해를 잘 하고 실행력도 좋은 아내가 있다. 열심히 실천하면서 남편과의 관계도 급속도로 가까워지고 있는 찰나에 감정적으로 행동하게 되어 다시 남편과의 관계가 원점으로 돌아간 것이다.

이런 안타까운 상황을 지켜보면서 인간관계에서 정말 중요한 것은 관계를 위한 전략이나 대화 기술이 아니라는 것을 느낀다. 무엇보다도 자신의 감정을 잘 관리하는 것이 먼저 선행되어야 한다.

　주변을 보면 머리는 비상하고 잘 돌아가는데 성격이 '지랄 맞다'고 생각되는 사람이 분명 있을 것이다. 머리가 좋고 공부를 많이 했다고 자신의 감정까지 잘 다루는 것은 아님을 알려준다. 보통 사람들은 정보와 지식을 습득하고 개발해 나가는 노력을 기울이는 반면 자신의 감정을 다루는 방법을 연습하거나 배우는 노력은 거의 하지 않는다.

　그러다 보니 중요한 순간에 감정에 이끌리고 이성적인 판단을 하지 못해서 손해를 보거나 전혀 예상치 못한 결과들을 얻게 되는 일이 많다. 모두가 공감하는 대표적인 예가 다이어트다. 많이 먹으면 안 된다는 것을 알지만 더 먹고 싶다는 충동에 이끌려서 과식을 하게 된다. 우리가 원했던 결과는 몸무게 감량이지만, 오히려 몸무게가 늘어나는 결과를 얻기도 한다.

　아마 남편과의 관계에서도, '다이어트와 비슷한 패턴'이 되풀이 되고 있다는 것에 공감할 것이다. 그렇다면 남편과의 관계에서 갑이 되고 관계를 회복하려면 남편에게 무슨 말을 건넬 것인지를 생각하는 시간에, 자신의 불쾌한 감정을 어떻게 다룰 것인가를 먼저 생각해야 한다.

　먼저 질문을 하나 하겠다. 감정을 무엇이라고 생각하는가? 딱 한 문장으로 정리해 본다면 말이다. 이 질문을 하는 이유는 많은 사람에게 '감정 조절'을 배워야 한다고 말을 하면,

"가족한테도 내 맘대로 못하면 답답해서 어떻게 살아요?"

"제가 화가 났는데도 왜 조절해야 하는 거죠?"

"저는 서운하고 슬픈데 그걸 표현하면 안 된다고요?"

라며 반문하는 경우가 많기 때문이다. 이런 말에서 공통적으로 전제되는 것은 무엇일까?

바로 '내 감정은 내 자신이고 이것을 부정하는 것은 내 정체성을 부정하는 것이다'라는 의미가 내포되어 있다. 그래서 우리는 감정을 조절할 필요가 없다는 논리이다. 하지만 이 논리에는 모순이 있다.

인간은 태어나면서부터 지금까지 자신의 감정을 너무나도 잘 조절하면서 살아간다. 간단한 예로 인간이 감정적으로만 행동하면 쓰레기가 온천지에 돌아다닐 것이다. 왜 굳이 더러운 쓰레기를 몸에 지니고 있다가 쓰레기통까지 가서 버리는 걸까? 그냥 내 맘대로 길바닥에 버리면 되는 것을 말이다. 배가 고프면 음식점 주방에 그냥 들어가서 내 맘대로 요리를 잡어먹으면 된다. 굳이 차례를 기다리고 비싼 돈까지 주면서 음식을 먹을 필요가 없을 것이다.

그런데 우리는 '내 맘대로' 하지 않는다. '내 맘대로' 하면 '못 배운 사람', '정신이상자'라는 말을 들을 뿐만 아니라 인간으로서의 품위는 없어지고 매력적이지 않다는 것을 알기 때문이다. 그래서인지 실제로 일상생활에서 감정들을 잘 다루며 살고 있다.

단지 특정한 상황에서 감정 조절이 안 될 뿐이다. 어떤 아내는 남편이 술만 먹고 들어오면 분노 조절이 안 될 수 있고, 어떤 아내는 내가 사랑받지 못한다는 생각이 들 때 힘을 내지 못하고 무기력감에 빠질 수 있다. 어떤 아내는 남편과 대화만 하면 답답함이라는 감정을 조절하기가 힘들 수 있다.

그래서 감정을 잘 조절하려면 감정이라는 것이 무엇인지 먼저 정의를 할 필요가 있다. 감정 조절에 실패하고 자기합리화를 멈추려면 말이다.

'감정'은 '우리 몸에서 일어나는 전기 화학적 신호'일 뿐이다. 이런 신호들이 우리의 주인인가? 전혀 아니다.

단지 감정은 우리 뇌에서 본능적으로 '위험에 대비하라'라고 신호를 주는 것이다. 감정은 딱 '전기 화학적 신호'라는 의미 그 이상도 그 이하도 아니다.

그렇다고 '지금부터 슬퍼하세요'라고 한다고 슬픈 신호가 몸에서 막 일어나는 것은 아니다. 또 '지금부터 행복하세요'라고 한다고 갑자기 몸에서 행복한 감정들이 일어나지는 않는다. 몸에서 일어나는 이 신호는 우리가 통제하기 어려운 영역이다. 물론 훈련을 통해서 가능한 부분도 있지만, 보통의 경우에는 몸에서 일어나는 신호들을 없애려고 하거나 만들려고 노력하는 방향으로는 감정을 다루기가 힘들어진다.

하지만 '한 쪽 손을 들어 보세요'라고 말을 한다면 어떨까? 이것은 구체적인 행동에 대한 부분이기 때문에 원한다면 우리의 행동을 쉽게 통제할 수 있다.

어려운 상황 속에서도 스스로의 감정을 조절해서 원하는 결과를 얻어내기 위해서는 두 가지만 생각하면 된다.

첫째, '내 몸에서 일어나는 전기 화학적 신호는 내가 통제할 수 없는 영역이다'라는 것을 깔끔하게 인정하는 것이다. 예를 들어서 우리는 화가 나면 보통 이런 느낌을 경험한다.

'머리에 열이 올라와서 뚜껑이 열릴 것 같다.'

그런데 이 느낌을 아무리 없애려고 노력해 봤자 소용은 없다. 그냥 열이 올라와서 뚜껑이 열리든 그렇지 않든 '열이 올라오고 있구나'라고 인식하고 내버려 두는 연습을 하면 된다.

둘째, 그런 감정이 들 때 나는 '어떻게 행동할 것인가'를 미리 정해놓는 것이다. 그리고 비슷한 상황이 왔을 때, 그냥 그 행동을 해 보는 것이다. 예를 들어서 머리에 열이 올라와서 뚜껑이 열릴 것 같은 상황이라면 "나, 지금 말할 기분이 아니라서 이따 말할게"라고 정해 보는 것이다. 그리고 그런 상황이 오면 깊게 생각하지 않고 스스로 약속한 것을 시도하면 된다.

여기서 이런 의문이 들 것이다. '그러면 어떤 것들을 기준으로 내 행동을 정해야 하는 걸까?'라고 말이다.

아내 A와 B가 있다. 상황은 이렇다. 남편은 6시 퇴근 후

'술 먹고 들어가'라는 메시지 하나를 남기고 밤 12시까지 연락이 없다.

A는 불안한 나머지 남편에게 서너 차례 전화를 한다. 전화를 받지 않으니 '어디냐', '지금이 몇 시냐', '전화라도 받아라'는 메시지를 보내 보지만 답장은 없다. 집에서 남편이 올 때까지 발을 동동 구르며 기다렸다. 남편이 들어왔을 때 이때다 싶어 욕설을 퍼붓기 시작한다.

B는 불안하지만 이전에 전화를 서너 차례 해 봤던 때를 떠올린다. 도움이 되지 않았다는 판단에 전화는 하지 않는다. 그리고 술에 취해서 남편이 들어왔을 때 남편에게 욕설을 퍼붓는 장면을 미리 상상해 본다. 그때마다 자신의 모습이 초라해 보인다는 사실을 발견한다. 그래서 일찌감치 침대에 누워 책을 보면서 잠을 청한다. 이 상황 속의 남편이라고 상상해 보자. A와 B 중 어떤 아내와 결혼 생활을 함께하고 싶을까?

A와 B 모두 같은 감정을 느꼈지만, 다른 선택을 했다. 그리고 그 행동의 결과가 누적되면서 남편에게 대접받으며 살 수도 있고, 을처럼 끌려다니며 살 수도 있다. B는 무엇 때문에 A와 다른 행동을 할 수 있었을까? 바로 '자기객관화'다. 자기객관화라고 하니 어려워 보일지도 모르겠지만 실상은 어렵지 않다. B가 행동하기 전에 무엇을 했는지 다시 보자.

❶ 과거에 내가 상대방에게 했던 행동이 효과적이었는지 아닌지를 생각해 본다.

❷ 내가 충동적으로 하려는 행동이 어떤 결과를 초래할지 상상해 본다.

정리하자면 잠시 멈춰서 지금 선택할 행동이 어떠한 결과를 가져다주는지 미리 생각해 보고 행동했다는 것이다. 바로 이것이다. 유독 남편에게만 자기객관화가 안 될 수도 있다. 우리는 어쩌면 남편 앞에서 '한두 살 먹은 아이'가 된듯 자기중심적으로 사고하고 있을지도 모른다.

그럼 어떻게 해야 할까? 그 방법은 생각보다 단순하다. 남편 앞에서는 감정 조절이 잘 안 된다면 그때 우리는 '한두 살짜리 아이'였다는 것을 인정하면 된다. 그리고 지금부터 '매력적인 아내'가 되기로 마음먹는 것부터 시작하면 된다. 그런 다음 하나씩 행동을 바꿔나가면 된다. 물론 처음에는 실패할 것이다. 당연한 일이다. 다만 포기하지 않고 도전하는 것이 중요하다.

다행인 것은 기회는 항상 찾아온다. 남편과의 갈등은 언제나 반복될 수 있기 때문이다. 그때마다 좀 더 감정을 잘 다룰 수 있는 행동을 하는 '매력적인 아내'가 되기 위해서 생각해 보고 행동하면 된다.

말을 잘 한다고 남편을
잘 다룰 수 있는 게 아닙니다

말하는 법을 배우고 연습해서 말을 잘 하게 되면 남편을 잘 다룰 수 있을까? 잘 다룰 수 있다고 생각한다. 단, 한 가지 매우 중요한 전제 조건이 필요하다. 남편이 아내의 말을 잘 들을 준비가 되어 있어야 한다. 그런데 많은 아내들은 남편과의 관계가 썩 좋지 않은 상태다.

남편은 이미 아내의 이야기를 들으려고 하지도 않고, 오히려 반대하거나 무시하기 위해서 준비를 하고 있다. 그래서 필자는 종종 코칭 해드리는 아내들에게 "남편하고 대화를 하지 마세요"라고 말할 때도 있다. 물론 이 말을 들으면 '그럴꺼면 왜 결혼을 하지?'라는 생각이 들 수도 있다.

실제 필자가 코칭 해드린 한 아내분의 이야기다. 남편과 둘 다 술을 좋아해서 술을 한 잔 하면서 대화를 하다 보면 잘 통하였다고 한다. 아내는 이 사람이라면 평생 마음을 터놓고 대화하면서 행복하게 지낼 수 있을 것이라고 생각을 했다고 한다. 그런데 시간이 지나면 지날수록 대화가 잘 통했던 남편은 '말이 많고 자기주장이 강한 사람', '예민한 사람'이 되었다. 아내 입장에서 가장 견디기 힘들었던 것은 이것저것 사소한 것에 너무 예민하게 구는 것이었다.

그래서 지친 아내가 "이건 중요한 문제도 아니고 그냥 좀 넘어가자. 나도 힘들다", "이미 지난 일인데 똑같은 얘기만 하면 나도 답답하다"라는 식으로 말했다고 한다. 그러면 남편은 아내의 말을 경청하기보다 "너는 왜 꼭 내 말을 그런 식으로 듣느냐", "왜 그렇게 부정적으로만 생각을 하느냐"라고 하면서 아내의 말꼬리를 잡았다고 한다. 아내도 감정이 상하면서 결국은 서로 소리를 지르고 크게 싸우게 된다고 하였다.

오랫동안 이 패턴이 반복되다 보니 아내는 더욱더 지쳐갔다고 했다. 결혼 생활에서의 대부분의 문제와 결정들은 남편 뜻대로 맡겨 버리고 점점 신경을 쓰지 않게 되었다고 한다. 그런데 시간이 지날수록 앞으로 남은 결혼 생활 내내 아내 혼자만 참고 남편에게 맞춰서 살아야 하는 건지 의문이 들기 시작했다. 분명 예전에는 남편과 대화도 잘 통하고 즐거웠는데 무엇 때문에 남편과의 사이가 이렇게 되어 버렸는지 이해할 수 없었다고 한다.

아마도 많은 사람들이 결혼 생활을 지속하면 지속할수록 비슷한 상황에 공감을 많이 할 것이라고 생각한다. 남편과 내가 생각도 비슷하고 마음도 잘 맞는다고 생각했는데 시간이 지날수록 왜 이렇게 안 맞는 사람하고 결혼했는지 후회가 밀려온다. 그래도 시간이 지나면 남편을 이해할 수 있을 거라 생각했지만 오히려 시간이 지날수록 남편이 낯설게 느껴지고, '내가 알던 사람이 맞나?', '알면 알수록 저 사람 속을 모르겠네', '벽하고 대화하는 것 같다'라는 생각에 속상하기만 하다.

남편과 무슨 말만 하면 싸우고 기분이 상하니 서로 대화를 피한다. 그리고 남편의 눈치만 보면서 대화도 거의 하지 않고 쇼윈도 부부처럼 지내는 것 같다는 생각이 들면, '이 남자하고 평생 이렇게 살아야 하는 건가?'라는 생각에 다시 대화를 시도해 볼 것이다. 하지만 결국 또 싸우게 된다. 이런 패턴이 반복될 때마다 부부 사이는 점점 더 멀어지고 서로에 대한 불쾌한 감정만 쌓인다.

그래서 필자는 이 아내분에게 일단 현재 상황에서는 남편과 대화를 통해 관계 문제를 해결할 수 있을 것이라는 기대는 내려놓아야 한다고 말하였다. 물론 부부라면 서로 양보하면서 대화를 하고 정서적인 교류도 하면서 즐거운 시간을 보내는 것이 바람직할 것이다. 그리고 점점 갈수록 부부 간의 대화를 중요시 여기고 노력하는 부부들이 늘어날 것이라고 생각한다.

실제로 부부 갈등을 해결하는 방법에 대한 자료를 찾아보면 대화가 중요하다는 이야기가 자주 나온다. 서로 간의 의견 차이가 있을 때에는 상대방의 이야기를 경청하는 자세와 자신의 솔직한 생각과 감정을 표현해야 한다고 나와 있을 것이다. 그래서 실제로 부부 상담을 하면 부부가 대화를 통해서 마음속 이야기를 나누고 관계가 좋아지는 것을 경험하기도 한다. 대화가 중요하다는 말은 틀린 말은 아니다.

다만 필자가 남편하고의 문제 해결을 대화로 하지 말라는 이유는, 서로 대화가 되고 관계의 문제가 해결되려면 남편의 협조가 꼭 필요하기 때문이다. 남편이 아내의 이야기를 경청하고 수용하려는 마음가짐을 가지고 있어야 대화로 문제가 해결될 수 있다.

예를 들어 부부가 같이 손을 잡고 대화법 강의나 책을 봐야 한다. 그래야 양보하는 마음으로 임할 수 있어 대화가 되고 관계 문제가 해결될 것이다. 부부 상담에서는 서로 이야기를 하다가도 말싸움이 붙으면 상담사가 남편의 이야기를 끊고 지금은 아내 말을 들어보자고 한다. 또는 지금 아내의 이야기는 무엇 무엇이라고 해석을 해 주며 중재자 역할을 하기에 대화를 통해서 문제 해결이 가능하게 된다.

그런데 대부분은 남편이 아내의 말을 들어줄 준비가 되어 있지 않다. 오히려 아내가 대화를 시작하면 남편은 아내가 하는 말들 중에서 어떤 부분을 꼬투리로 잡을 것인가만 생각한다. 그리고 아내의 말이 끝나기가 무섭게 공격을 할 것이다.

이런 상황에서 아내가 "대화 좀 하자", "왜 내 마음을 이해 못하니?", "나는 그냥 화가 나고 억울할 뿐이다"라는 말을 열 번이고 스무 번 한다고 해서, 절대로 남편이 아내의 마음을 공감해 주지는 않는다.

오히려 그럴수록 남편은 아내와의 대화 자체를 싫어하고 아내의 목소리에 예민하게 반응하며 화를 내는 것이다. 물론 필자의 이야기가 맞는 말이라고는 느끼지만 이런 생각이 들 수 있다.

'그럼 나는 평생 남편과 대화도 없이 쇼윈도 부부처럼 살아야 하나?'

아내는 스스로에게 먼저 질문해 볼 필요가 있을 것이다. '남편과 평생 동안 마음을 터놓는 대화가 없다면 우리 부부의 인생은 실패한 것일까?' 사실 대화가 없을 뿐이지 결혼 생활이 실패했다고 보기는 어려울 것이다. 엄마의 역할도 원한다면 충분히 할 수 있고 이혼녀라서 문화생활에 지장이 있는 것도 아니다. 직장을 가질 수도 있고 충분히 다른 활동을 하고 사람들을 만나면서 만족스럽고 행복한 삶을 살 수 있다. 쇼윈도 부부까지는 아니더라도 부부가 각자의 삶을 존중하면서 행복한 삶을 살아가는 경우도 많다. 요즘은 이것을 '졸혼'이라고 이야기하는 것 같다. 부부가 서로 동의한다면 이렇게 살아도 괜찮다는 하나의 문화로 받아들여지고 있는 것이다.

다만 아내가 남편과 대화를 하면서 무엇을 얻고 싶었을까? 아마도 남편과 정서적인 교류를 통해서 자신의 마음을 이해받고 싶은 욕구가 있었을 것이다. 그런데 곰곰이 생각해 보면 아내의 마음을 이해해 주는 사람이 반드시 남편일 필요는 없다.

우리는 가까운 사람만이 내 마음을 잘 알아줄 것이라고 생각한다. 하지만 사람은 모르는 사람에게도 위안과 위로를 받을 수 있다. 실제로 많은 사람들이 필자가 운영하는 온라인 커뮤티니를 방문하여 필자의 글을 읽고 댓글을 남기기도 한다.

"제 마음을 어떻게 이렇게 잘 알고 계시는지 모르겠어요."

"저희 남편만 특이한 사람인 줄 알았는데 아니었던 것 같네요."

분명 그들은 필자와 일면식도 없는 사람들이다. 단지 필자가 커뮤니티에 적은 글을 본 것이 전부다. 그런데 그들은 공감과 이해를 받은 것이다. 굳이 남편이 아니더라도 우리의 마음을 이해해 줄 수 있는 사람에게 공감을 받으면 된다. 또한 만약 다른 누군가가 해 줄 수 없다면 스스로에게 공감과 이해를 해 줄 수 있다.

우리가 다른 사람들의 아픔과 상처를 공감해 줄 수 있는 능력이 있는 것처럼 우리에게는 자신의 마음을 들여다 보고 이해할 수 있는 능력이 있다. 단지 그것들을 한 번도 안 해봐서 어색한 것뿐이다. 그러니 남편과의 대화가 없다고 해서 대화에 집착할 필요가 전혀 없다. 단지 남편과 정서적인 교류가 적은 것뿐이지 결혼 생활이 실패한 것은 아니기 때문이다.

그래서 이 아내분에게 당분간 남편과 진지한 대화를 하려고 하지 말라고 신신당부를 했다. 그렇게 남편에게 아내 자신의 마음을 이해해 달라고 애원하면서 스스로의 가치를 깎아내리지 말라고 코칭 해드렸다. 대신 남편이 아내를 더 이상 함부로 할 수 없다는 인식을 심어주기 위해서 남편의 예민한 태도에 대한 대응 방식을 단호하게 바꾸어나가도록 했다.

남편 태도에 대한 아내의 반응만 조금 바꾸면, 아내가 애써 노력하지 않아도 부부 간에 저절로 대화가 이루어질 수 있을 거라고 하였다. 왜냐하면 남편은 무뚝뚝하고 말주변이 없는 남자들보다는 여성스럽고 섬세한 면이 많았다. 그리고 결혼 전에는 남편과 대화가 잘 통하였다는 부분을 고려해 볼 수 있다. 이것은 남편과 아내의 공통 관심사가 많을 수 있다는 것을 의미한다. 남편이 아내에게 예민하게 굴고 비난하는 태도만 멈춘다면 대화는 자연스럽게 편해질 수 있다는 것을 기대할 수 있었다.

실제로 남편도 시간이 지나면서 아내에게 하나부터 열까지 예민하게 구는 행동들을 줄이기 시작했다. 예전에는 아내에게 예민하게 굴기만 하면 불안했던 아내가 결국 맞춰 줬으니 본인만의 세상이었을 것이다. 하지만 이제는 아내의 반응이 없자 답답해진 남편이 "우리 대화 좀 하자"라고 하면서 요리도 하고 술도 한 잔 하자면서 아내와 시간을 가지려고 노력하기 시작했다.

지금은 남편이 아무리 예민하게 굴어도 아내는 꿈쩍하지 않고 단호하게 대응할 수 있게 되었다. 그래서 남편의 기분이 괜찮을 때는 신혼 초반 때처럼 술도 한 잔씩 기울이면서 대화도 잘 하고 있다고 한다.

만약 남편과 깊은 대화를 통해서 부부 관계가 회복될 것이라고 생각한다면 지금부터 생각을 바꿀 필요가 있다. 남편이 아내를 '을'처럼 대하는 태도를 바꾸기 위해서 노력하는 것이 먼저다. 아내가 '갑'이 되면 대화는 자연스럽게 이루어질 테니까 말이다.

남편과의 관계에
목매지 마세요

필자는 찾아오는 사람들을 살피다가 남편과의 관계를 단기간에 회복하고 관계에 대한 통찰을 빨리 경험하는 사람들의 특징을 알게 되었다. 이들의 특징을 이해한다면 아마도 인간관계를 잘 이끌어가는 사람들은 어떤 마인드를 가지고 있는지 알게 될 것이다.

"뭔가 이루려면 시간과 돈, 노력을 모두 투자해야 된다."

"배수의 진을 쳐라."

이런 이야기를 많이 들어봤을 것이다. 물론 틀린 말은 아니다. 절실하고 마지막이라고 생각하며 모든 노력을 쏟아 부어 혼신의 힘을 다해야 결과에 승복할 수 있기 때문이다.

그런데 '항상 매일매일 혼신의 힘을 다해야 하는 것인가?' 에 대해서는 고민할 필요가 있다. 우리가 시험에서 좋은 점수를 받으면 1,000만 원을 받는 기회가 생겼다고 가정해 보자. 두 시간 분량의 강의를 듣고 그 내용에 관해서 쪽지 시험을 보는 것이다. 이런 상황이라면 아무런 고민 없이 혼신의 힘을 다할 수 있을 것이다. 그렇게 해야만 그나마 후회가 남지 않을 것이다.

이제 조금은 다른 상황을 가정해 보자. 올해에 볼 수능 시험을 준비하는 것이다. 수능까지 10개월이 남아 있다. 똑같이 좋은 점수를 받으면 1,000만 원이라는 상금을 받는다. 만약 이런 상황이라면 10개월 내내 쪽지 시험을 준비하듯 하루하루 혼신의 힘을 다할 수 있을까? 잠도 거의 자지 않고, 밥도 걸러 가면서 말이다. 이런 식으로 시험을 준비한다면 대부분은 일주일도 못 가서 "나는 도저히 못하겠다"며 포기할 가능성이 매우 높다.

수능은 쪽지 시험과 달라서 밥도 잘 먹고, 잠도 잘 자면서 주말에는 친구들과 만나 머리도 식히면서, 매일 조금씩 꾸준하게 공부를 하는 사람이 높은 점수를 받을 가능성이 크다.

사람과 사람 간의 관계를 변화시키는 방법은 쪽지 시험을 준비하는 것이 아니라 수능을 준비하는 방법과 비슷하다. 남편과의 관계에서 '갑'이 되려면 남편을 대하는 멘트 하나만 바꾼다고 해서 '을'처럼 살았던 아내가 갑자기 '갑'이 되기는 어렵다.

그런데 많은 사람들이 이런 착각에 빠지는 듯하다.

'남편에게 제대로 된 충격을 줘서 이 남자의 정신을 개조해야만 해.'

분명 본인은 아니라고 생각할지 모르겠지만, 무의식적으로 이렇게 생각할 수도 있다.

그래서 남편의 거슬리는 행동을 보면 다짜고짜 화를 내서 충격요법을 써야 한다고 생각한다. 이혼할 마음이 없는 데도 "그럴 거면 이혼해"라는 말로 배수의 진을 친다. '이혼'이라는 말을 쉽게 꺼냈다가 오히려 나중에는 이혼을 요구하는 남편 앞에서 '을'이 되는 경우가 허다하다.

남편과의 관계를 이끌어 가려면 여러 가지 요소들이 필요하다. 그리고 또 그 요소들을 채워 가는 과정에서 수많은 시행착오를 경험할 수밖에 없을 것이다. 그런데 한 번에 뭔가를 성공하려고 집착하면 어떻게 될까? 맘처럼 되지 않을 때 유독 크게 낙심하게 되고 새로운 도전을 할 엄두가 나질 않을 것이다.

그래서 남편과의 관계를 빨리 회복하고 관계에서 '갑'이 되는 사람들은 신기하게도 절실해 보이지 않는 경우가 많다. 이들을 필자가 코칭 해드리면 "그냥 한 번 해 볼게요", "안 되면 말죠. 뭐"라고 반응한다. 사실 이들은 알고 있는 것이다. '어차피 뭐든 한 번에 잘 될 수는 없다'는 것을 말이다. 이런 생각으로 도전을 하기에 결과가 좋지 않아도 그렇게 크게 낙심하거나 상심하지 않는다.

예를 들어 남편에게 대화 시도를 했을 때 남편의 반응이 시큰둥해도 '그런가 보다' 하고 만다. 그리고 아무 일 없었다는 듯 남편이 어떤 반응을 보였는지 필자에게 말해 준다. 그러면 필자는 "다음에는 이렇게 해 볼까요?"라는 형태의 피드백을 금방 드릴 수 있다.

그들은 꾸준하고 일관성 있게 필자와 피드백을 주고받는다. 그러다 보니 남편과의 관계가 금방 좋아질 수밖에 없다. 안 되는 걸 당연하게 생각하며 거기서 좌절하고 포기하는 것이 아니라 계속해서 다른 방법을 같이 찾고 시도하기에 결과가 따라오는 것이다.

물론 '남편이 폭력을 쓰고, 도박을 하고, 외도를 하며 온갖 몹쓸 짓을 해도 이혼하지 말고 관계를 회복해야 한다'라는 이야기를 하려는 것이 아니다. 어떠한 상황에서든지 '한 번에 안 되는 것이 당연하다'고 생각하는 사람들은 결국 자신에게 맞는 답을 찾게 된다는 것을 필자는 이야기하고 싶다.

이런 마인드를 가진 아내는 '더 이상 이놈이랑은 같이 살면 안 되겠다. 이제는 포기해야겠다'와 같은 선택도 빨리 한다. 실제로 이런 아내들은 이혼을 해도 "이혼하기 정말 잘한 것 같아요", "후회 없는 선택을 한 것 같아요"라고 말한다.

필자는 부부 문제로 고민하는 사람들에게 당부하고 싶다. 남편과 관계를 회복하고 행복한 결혼 생활을 하기 위한 각오를 단단히 하자. 하지만 노력 자체에는 조금 힘을 빼라는 말을 하고 싶다.

"매일 혼신의 힘을 다하지 말라"고 말하고 싶다. 오히려 '그까이꺼 대~충' 해 보라고 강조하고 싶다. 어차피 첫 술에 배부를 수는 없다. 그렇게 몸에 힘을 빼고 작은 것에 연연하지 않게 되었을 때 비로소 당당하게 '갑'이 되는 도전을 멈추지 않을 수 있을 거라고 생각한다.

개인적으로 '강한 사람이 살아남는 것이 아니라 살아남는 사람이 강한 사람'이라는 말을 좋아한다. 남편과의 관계에서 실패했다고 좌절하지 말고 어제보다 오늘 더 멋지고 성숙한 아내가 되기를 응원하겠다.

아이 때문에 참고 포기하지 마세요

부모가 싸우는 모습을 자주 보이면 아이에게는 안 좋은 영향을 미친다. 당연한 상식이라 원수보다 못한 부부라도 아이 앞에서 싸우지 않으려고 한다. 그러나 '다시는 애들 앞에서는 싸우지 말아야지'라며 후회와 다짐을 하지만 싸움을 피할 수는 없다.

아이 때문에 꾹꾹 눌러 참는다고 해도 분명 한계라는 것은 존재한다. 어떤 경우는 남편이 다혈질이라 아무리 조심을 해도 아이 앞에서 버럭 화를 낸다. 남편이 아내와 다투고서는 애꿎은 아이에게 화풀이를 할 때도 있다. 화를 내지는 않지만 남편은 아내의 약점을 교묘하게 건드리거나 비아냥거리기도 한다. 그리고 이런 일들이 쌓여 결국 싸움으로 번진다.

부부싸움에 겁먹은 아이의 표정을 보면 가슴이 찢어진다. 어렸을 때 부모님이 싸웠던 기억이 떠오르기도 한다. 그때를 생각하면 정말 힘들었는데, 그 상처를 똑같이 아이에게 물려주는 것 같은 죄책감마저 든다. 아이는 죄가 없는데도 말이다.

그런데 여기서 더 화가 치미는 것은 아이가 갈수록 남편의 안 좋은 모습을 닮아간다는 것이다. 아이에게서 남편과 닮은 모습이 보일 때마다 고통스럽다. 그래서 아무것도 모르는 아이에게 화를 버럭 내기도 한다.

하지만 필자는 '당장 이혼하라'는 말을 하고 싶지는 않다. 부모의 이혼은 아이에게는 또 다른 큰 상처가 될 수 있기 때문이다. 그렇다고 '그냥 운명이니 받아들이고 살아라'는 뻔한 말도 하고 싶지는 않다.

아무리 못난 남편이라도 '아빠'라는 이유로 아이에게 나쁜 영향을 미치지 않게 할 수 있다. 오히려 평범한 아빠와 있는 것보다 자녀에게 더 중요한 경험을 시켜줄지도 모른다. '이게 무슨 소리지?'라고 생각할지도 모르겠다. 교육심리학 이론과 실험 등을 바탕으로 최대한 쉽게 차근차근 설명해 보겠다.

아이가 남편의 안 좋은 점을 닮는 이유는 무엇일까? 바로 부모의 행동을 똑같이 따라 하기 때문이다. 그래서 아이는 남편의 좋은 모습이든 안 좋은 모습이든 똑같이 따라 하고 학습한다.

스탠퍼드 대학교의 앨버트 반두라는 '보보인형 실험'이라는 간단한 실험을 했는데, 보보인형을 유치원 아이들 앞에 가져다 놓았다. 그리고는 어른들이 보보인형을 주먹이나 나무망치로 때리는 것을 유치원 아이들에게 그대로 보여 주었다. 보보인형을 발로 차고 학대하는 모습들도 보여 주었다.

그 이후 유치원 아이들에게 보보인형과 놀 수 있는 시간을 주었다. 과연 아이들은 보보인형과 어떻게 놀았을까? 예상한 대로다. 어른들이 했던 대로 똑같이 주먹이나 나무망치로 인형을 때렸다. 어른들과 똑같이 발로 차고 학대하는 모습을 보였다.

남편의 안 좋은 행동을 지금 이 순간에도 아이가 고스란히 배우고 있다는 것을 의미한다. 아마 이 연구 결과만 놓고 보면 이혼해서 아이에게 아빠의 얼굴조차 보이고 싶지 않다는 생각이 들 것이다.

하지만 앨버트 교수는 한 가지 실험을 더 했다. 이번에는 아이들을 A, B 두 그룹으로 나눴다. 두 그룹 모두 어른들이 보보인형을 때리고 학대하는 모습을 보여 주었다. 그 뒤에 A 그룹은 때리고 학대한 어른들을 칭찬하고 격려하는 모습을 보여 주고, B 그룹은 인형을 학대한 어른들을 비난하고 꾸짖는 모습을 보여 줬다. 그 결과 A 그룹에 비해서 B 그룹은 어른들의 거친 행동을 모방하는 경우가 드물었다. 이 실험이 시사하는 바는 무엇일까?

바로 아이들은 단순히 어른들의 모든 행동을 학습하는 것은 아니라는 점이다. 어른들의 행동을 지켜보되 그 뒤 어떤 결과를 얻게 되는지도 관찰한다는 것이다. 그래서 그 어른들의 행동이 자신에게도 도움이 된다고 느끼면 따라하는 것이다.

그러면 우리의 일상으로 가보자. 외출 준비를 하고 있는데 집안일 하느라 늦은 아내에게 남편이 버럭 화를 낸다. 아이가 보고 있어서 걱정된 아내는 깜짝 놀라서 저자세를 취하고 이렇게 말한다.

"알았어, 알았어. 빨리할게."

과연 이 광경이 아이의 눈에는 어떻게 비춰질까? '우리 엄마는 우리를 위해서 아빠와의 싸움을 피하려고 하는구나'라고 생각할까?

아마 그 반대일 것이다. 아이는 남편이 화내는 모습들을 배우게 될 것이다. 그리고 그렇게 해야 엄마가 자신에게 원하는 것을 해 줄 수 있다고 배울 것이다. 아이 시각에서 단순하게 보면, 남편은 아내에게 화를 냈지만 아내는 남편이 아내에게 화를 내면 안 된다는 부분을 적절하게 지적하지 못했다. 오히려 남편에게 순한 양처럼 굴었다.

아이 눈에는 자신이 화를 내면 상대방이 쉽게 수긍한다로 보았을 것이다. 그렇게 아이들은 아빠의 행동을 모방할 것이다. 충분히 모방할 가치가 있다고 느낄 것이다. 물론 그 반대의 경우일 수도 있다. 남편의 분노에 빠르게 수긍하는 아내의 모습을 학습할 수도 있다. 아빠가 화를 내면 몸을 수그리고 "알았어"라고 말해야 하는 것으로 이해할지도 모른다. 아이는 억울하더라도 아내가 보인 반응으로 무서운 상황을 피할 수 있다고 생각할 것이다.

아이가 이 두 가지를 학습한다고 하면 어떤 느낌이 드는가? 아이에게 도움이 될까? 분명 아닐 것이다. 남편의 싫은 모습을 아이가 그대로 답습하지 않길 바랄 것이다. 그렇다면 아이를 걱정하는 마음에 남편과의 싸움을 무작정 피하거나 져주고 '을'이 되면 안 된다. 오히려 남편의 싫은 모습에 어떻게 대응할 것인지를 고민해 봐야 한다.

그렇다고 앨버트 교수의 실험처럼 항상 무조건 상대방을 비난하고 꾸짖어야 한다는 말을 하는 것이 아니다. 때에 따라서는 화를 내야 할 것이다. 하지만 화를 내지 않고도 단호하게 행동할 수 있는 방법들은 많다.

아내들이 남편의 행동에 단호하게 대응해 나갈 때 아이는 한 가지를 배우게 된다. '아빠처럼 행동하면 안 된다'는 생각을 가지게 된다. 그리고 아빠의 잘못을 반면교사로 삼아 오히려 올바른 행동을 학습해 나갈 수 있다.

　이제부터 아이들은 '남편과 비슷한 성향의 사람들'을 대응하는 적절한 방법을 배울 것이다. 그리고 그런 사람들 때문에 인생이 힘들어지지도 않을 것이다. 실제로 필자는 코칭 해 드리는 아내분들에게 놀랄 만큼 강력하게 대응하라고도 말한다. 물론 아내가 남편과의 관계에서 갑이 될 수 있도록 하기 위함이다.

　"진짜로 이렇게 말하라고요? 제가 이렇게 해 본 적이 없는데..."

　"이렇게 말하면 진짜 크게 싸움이 날 것 같은데요?"

　"남편이 저를 더 싫어하게 되지 않을까요?"

　그럴 때마다 이렇게 말한다.

　"아이에게 확실히 보여 주세요. 이 다음에 커서 나에게 피해를 주는 사람들을 어떻게 대해야 하는지 말이죠. 분명 아이는 보고 배울 겁니다. 그리고 자신의 인생에서 아빠처럼 살지 않아야 된다는 것도 배우게 될 거에요"

　아이들 때문에 무조건 남편과의 싸움을 피하려고 '을'이 되지 않았으면 좋겠다. 그렇다고 무조건 싸우라는 것은 아니지만, 싸울 때 싸우더라도 당당하고 자신감 있는 모습은 잃지 말기를 바란다.

남편에게 잘해 준다고
'을'이 아닙니다

남편과의 관계에서 끌려다니고 주도권이 없는 경우를 '심리적인 을'이라고 말한다. 대표적으로는 상대방에게 매달리는 모습을 계속 보여주면 '을'이 된다.

"남편으로서 내 마음을 조금만 이해해 달라는데 그렇게 어렵니?"

이런 이야기를 들은 남편은 아내에게 불쾌한 감정을 느끼게 된다. 아내가 이런 형태의 말이나 행동을 반복하고 있다면 아마도 아내는 남편과의 관계에서 '을'일 것이다.

"저는 남편에게 잘해 주려고만 노력했던 것 같아요. 언젠가는 남편이 제 진심을 알아봐줄 거라 생각했어요. '슈퍼 을'이었네요. 저는 이제 남편에게 절대 잘해 주면 안 되는 거죠?"

남편에게 마냥 퍼주는 '을'이었다는 것을 깨달았다고 하자. 이제부터 남편을 무시하고 신경을 쓰지 않는다면 아내의 가치가 회복될 수 있을까? 오히려 그 반대다. 남편은 아내에게 얻을 것이 없으니 더 멀리해도 된다고 생각할 것이다. 그러면서 혼자만의 길을 갈지도 모른다. 관계에 둔한 남편이라면 아내가 본인을 대하는 태도가 달려졌는지도 모를 것이다.

그래서 지금부터 기버Giver, 테이커Taker, 매처Matcher에 대한 이야기를 하고자 한다. 사회 과학자들이 30년간 연구를 한 결과 사람들이 행동하는 방식을 세 가지 유형으로 나눌 수 있다고 한다.

첫째, 기버Giver는 받는 것보다 주는 것을 좋아하는 사람이다. 주변 사람들에게 베푸는 일을 즐기는 적극적인 사람이다.

둘째, 테이커Taker는 상대방에게서 주로 무엇인가를 받으려고만 하는 사람이다.

셋째, 대부분의 사람들이 매처Matcher라고 한다. 뭔가를 받으면 나도 상대방에게 준다. 받은 만큼 주는 것이다.

물론 어떤 사람과 함께 있느냐에 따라서 달라질 수 있다. 시장에 가서 가격을 깎을 때에는 '테이커'처럼 행동할 수 있다. 반대로 자녀에게는 '기버'로 행동하고 가깝지 않은 직장

내 관계에서는 '매처'로 행동할 수도 있다.

사회적인 성공 척도로 봤을 때 '기버'가 사회적으로 성공할 확률이 가장 낮다고 한다. 상식적으로도 확률이 낮을 수밖에 없다는 생각이 든다. 남을 도와주기만 하다가 정작 자신의 것은 챙기지 못하기 때문이다. 남편과의 관계에서도 계속 잘해 주기만 한다면 '호구'가 된다는 말이다.

안타깝게도 '기버'는 '테이커'에 비해 수입이 14% 적고, 사기를 당할 확률도 두 배 이상 높다고 한다. 게다가 실제 자신의 능력에 비해 22%나 낮은 평가를 받는다고 한다. 이런 통계를 보면 '역시 그냥 테이커로 살아야겠다'는 생각이 들 것이다. 실제로 이 글을 읽으면서도 '그래, 내 남편은 전형적인 테이커야'라고 생각을 하는 아내들이 많을 것이다.

그래서 상식적으로는 가장 성공할 확률이 높은 부류는 '테이커'라고 생각하기 쉽다. 그런데 반전이 있다. 성공할 확률이 가장 높은 유형은 또 다시 '기버'였다. '테이커'와 '매처'는 성공 확률에서 그렇게 큰 차이가 없었다. 바로 이 부분이 남편에게 잘해 주더라도 '을'이 되지 않는 이유다.

남편을 잘 대해 줘도 호구가 되지 않을 수 있다는 것이다. 여기서 주목해야 하는 것은 이 두 '기버' 간의 차이다. 하나는 사회적으로 성공하는 기버들이고, 다른 하나는 성공 확률이 가장 낮은 기버들이다. 설명하기 편하게 성공하는 기버들을

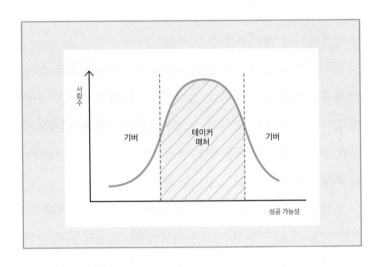

'찐기버', 성공 확률이 낮은 기버를 '호구'라고 하겠다. 지금부터 '찐기버'와 '호구'가 어떤 차이가 나는지 알아보자.

첫째, '찐기버'는 자신이 남을 돕는 일 자체로 만족감을 얻는다. 반면에 호구는 상대방의 반응을 통해서 만족감을 얻는다. 호구는 보통 누군가를 돕는다고 하면 '희생'이라고 생각한다. 하지만 절대 희생이 아니다. '저 사람은 항상 누군가를 돕는 사람이다'라는 이미지를 얻었다면 스스로에게는 엄청난 이익이 될 것이다. 일반적으로 우리는 '도움을 주는 사람'을 좋아하고 따르기 때문이다.

예를 들어 아내가 집안일을 열심히 하는데, 남편은 집에만 오면 손가락 하나 까딱하지 않는다. 이때 '찐기버'들은 '내가 가정에 도움이 되고 있구나', '나는 맡은 바 책임을 다 하고 있구나'라고 매우 간단하게 생각한다. 왜냐하면 '나는 누군가를 도와주는 사람이다'라는 것 자체만으로도 만족감을 느끼기 때문이다.

반대로 호구는 같은 상황에서 '아무도 안 해서 내가 하고 있는데, 저 사람은 내 마음을 하나도 몰라 주네', '어쩜 저렇게 이기적일까', '나는 이렇게 희생하며 살아야 하는 건가'라고 생각한다. 하지만 혹시라도 남편에게 미움을 살까 봐 계속 희생한다. 스스로 희생하면 상대방이 언젠가는 내 가치를 알아 줄 것이라 생각한다. 하지만 남편은 절대 알아보지 못한다. 결국 답답한 나머지 남편에게 이렇게 이야기를 할 것이다.

"이럴거면 왜 결혼을 했어?"

"밖에서 돈 벌어오면 다야? 이런 것 좀 알아서 해 봐."

하지만 바뀌는 건 없다. 그러고는 남편에게 괜히 화낸 것 같아 자책하며 다시 잘해 준다. 시간이 지나면 또 같은 주제로 화를 내고 잘해 준다. 무한 루프처럼 반복된다.

'찐기버'는 '호구'와 다르게 자신이 도움을 주는 것을 끊임없이 지속할 수 있다. 그리고 '나는 사람들을 돕는 여유로운 사람', '너그럽고 선한 사람'이라는 이미지까지 챙긴다. '심리적인 갑'이 되는 것이다. 반대로 '호구'는 '항상 불만이 많은 사람', '마음의 여유가 없는 사람'으로 보이며 당연히 관계에서는 '심리적인 을'이 된다.

둘째, '찐기버'는 자기가 할 수 있는 만큼만 돕지만, '호구'는 상대방의 부탁에 거절조차 제대로 못한다. 남편의 부탁을 거절하기 힘들어 하는 아내들이 많다. 그래서 자기가 곤란하고 하기 싫어도 무조건 남편의 말을 듣게 된다. 그래서 당장 해야 하는 일이 있는데도 모두 멈춘다. 그리고 남편을 위해 희생한다. 이럴 때 내가 해야 할 일의 흐름은 끊기고 제대로 집중도 못하게 된다. '호구'가 되고 '을'이 된다.

반대로 '찐기버'는 자신이 할 수 없는 일은 단호하게 거절한다. 거절하는 이유를 구구절절 설명하지도 않는다. "그건 능력 밖인 것 같아. 미안"이라고 당당하게 말한다. 그리고 '찐기버'들은 상대방이 부탁을 했다고 해서 바로 들어주지 않는다. 도움을 주는 것이니 도움을 주는 정도와 시간은 '찐기버' 자신이 정한다. 자신의 일이 모두 끝나고 나서 여유 있는 시간에 비로소 도움을 준다. 그리고 부탁이 과하다면 "나는 여기까지는 도와줄 수 있다"라고 말한다. 당당한 '갑'의 모습이라고 하겠다.

셋째, '찐기버'는 당당하게 요청을 하고 상대방의 거절에 의미를 두지 않지만, '호구'는 상대방에게 거절당할까 봐 요청도 제대로 하지 못한다. '호구'는 상대방에게 부탁을 하기 전에 상대방의 눈치부터 살핀다. 귀찮아하지는 않는지, 나를 싫어하지는 않는지, 나를 이상한 사람으로 생각하는 것은 아닌지 걱정한다.

자신이 누군가에게 요청하는 것을 '민폐'라고 생각한다. 다른 사람들의 부탁을 간신히 들어주면서 힘들었던 경험 때문이다. 그래서 자기 자신은 도움이 절실한데도 도와달라는 이야기를 하지 않는다. 엄청난 고민 끝에 부탁을 하고 거절을 당하면 자신의 부탁에 대한 거절이 아닌 자신의 존재가 거절당했다고 생각한다. 철저한 '을'의 모습이다.

'찐기버'는 자신의 도움이 필요하면 상대방에게 당당하게 요청하고 상대방이 거절하더라도 깊이 생각하지 않는다. 아쉽지만 상대방이 나를 도와줄 수 없는 상황이라고 생각한다. 그러고 나서 다른 사람에게 도움을 또 요청한다. 도움을 요청하는 것에 망설이지 않으며 항상 도움을 받는다. '찐기버'는 '항상 주는 사람'이라는 이미지 덕에 주위 사람들은 오히려 '찐기버'를 도와주었다는 사실에 기뻐한다. '갑'의 모습이다.

남편에게 잘해 준다고 해서 항상 '을'이 되는 것은 아니다. 잘해 줄 때 잘해 주더라도 디테일이 중요하다. 그것에 따라서 '을'이 될 수도 '갑'이 될 수도 있다. 남편에게 내가 '테이커'인지, '매처'인지, '기버'인지를 한번 돌아보았으면 좋겠다. 그리고 '찐기버'의 모습으로 당당하게 '갑'의 위치에게 살아가길 바란다.

PART 03

요즘 아내,

요즘 남편

기분이 나쁘면 말을 하지 않고
투명 인간 취급합니다

부부싸움을 하고 난 직후에는 아내든 남편이든 서로에게 어떤 말과 행동을 해야 할지 매우 어색해진다. 보통은 시간이 지나면 화가 수그러들고 천천히 다시 대화가 시작되면서 예전의 관계로 돌아가는 것이 일반적이다. 부부싸움을 하면 잠깐이지만 서로를 못 본 체하는 냉전기를 경험한다. 그런데 남편과의 냉전이 하루 이틀이 아니라 열흘이 되고 한 달이 되면 아내는 어떨까? 아내 입장에서는 답답하고 불안해서 피가 말린다.

남편과의 냉전 때문에 힘들어 하는 A님의 이야기다. 부부

싸움을 하면 남편은 A님이 사과할 때까지 투명 인간 취급을 했다고 한다. 이런 일들에 너무 지친 나머지 코칭을 신청하였다.

남편은 평소에 A님과 장난도 치고 잘 지냈다고 한다. 그런데 싸우기만 하면 A님을 왕따 시키는 것이다. 남편은 아이들에게는 평소처럼 대하지만 A님만 보면 냉랭하게 대했다. A님이 하는 말에는 대꾸도 안 하고 눈도 마주치지 않으려고 했다.

A님 입장에서는 아이들 앞에서 민망하고 치욕스러울 수밖에 없었다. 며칠간 남편의 마음이 풀리기를 기다렸지만 풀릴 기미가 보이지 않자 답답하고 불안해졌다. 결국 A님은 남편에게 먼저 잘못했다고 이야기를 하고 빌고 또 빌면서 가까스로 화해를 했다. 남편은 화해를 하면서 "내가 넓은 마음으로 널 이해해 준다"는 말을 덧붙였다고 한다.

A님 입장에서 남편은 아무런 죄가 없는 것인양 말을 하는 것에 어이가 없었다. 하지만 자신이 계속 투명 인간 취급을 당하는 것보다는 낫다 싶어 그러려니 하고 넘어갔다고 한다. 그런데 문제는 싸움이 있을 때마다 남편이 A님을 왕따 시키는 기간이 계속 늘어났다고 했다.

부부 사이에서 이런 일로 힘들어 하는 사람들이 반드시 하는 질문이 있다.

"정말 이렇게 한 달 내내 얼굴을 매일 마주치면서 아내를 투명 인간 취급하는 사람도 있나요?"

A님도 여지없이 물어보았고 필자는 이렇게 답했다.

"네, 6개월 동안 그렇게 지내다가 견디지 못해서 오신 분도 봤어요. 그리고 왜 그렇게 질문하시는지도 알 것 같습니다. 내가 잘못했다고 빌지 않으면 남편이 평생 나를 투명 인간 취급할 텐데, 그러다가 이혼이라도 당할까 봐 겁나시는 거죠?"

필자가 이런 이야기를 하자 A님이 갑자기 펑펑 눈물을 쏟아 냈다.

먼저 필자는 남편이 아내를 왕따 시키려는 의도에 대해서 말하였다. 남편의 의도는 매우 단순하다. 남편은 아내가 투명 인간 취급을 당하면 매우 힘들어 한다는 사실을 잘 알고 있다. 그 상황을 이용해서 아내를 고통스럽게 만들어 아내 스스로 잘못했다는 것을 시인하게 만들려는 것이다.

실제로 이렇게 당하는 아내들은 처음에는 '내가 큰 잘못을 저지른 것도 아닌데 왜 저럴까?'라고 생각한다. 그런데 계속해서 투명 인간 취급을 당하면 이야기가 달라진다. 살얼음판을 걷는 것 같은 상황을 견디기가 점점 힘들어지고, 자신이 잘못한 것을 억지로라도 찾아서 이 상황을 해결하려고 한다.

게다가 아이들에게 보이는 남편의 행동은 '엄마가 큰 잘못을 했기 때문에 아빠가 무시를 하는 것이다'라는 의미를 은근히 알리게 된다. 아내로서는 매우 견디기 힘든 일이다.

하지만 이럴수록 마음을 단단히 먹어야 한다. 남편이 아내와 말을 안 하고 투명 인간으로 취급하는 행동에 아무렇지 않게 대응할 수 있어야 하기 때문이다. 남편이 침묵할 것 같아서 '제발 말이라도 해달라', '내가 잘못했다'라면서 걱정하는 모습을 보이면 남편은 무의식적으로 생각한다.

'그래, 내가 너에게 기분이 나쁠 때마다 이렇게 하면 너는 스스로 잘못한 것을 알아서 깨닫는구나. 앞으로 나는 너에게 기분이 나쁠 때마다 이렇게 행동할 거야.'

그래서 필자는 A님이 목표로 삼아야 할 것은, 남편이 말을 가능한 빨리하도록 유도하는 것이 아니라고 말씀드렸다. 이러한 상황에서는 남편이 침묵으로 아내에게 고통을 주는 방식이 더 이상 통하지 않는다는 것을 행동으로 보여 줘야 한다. 그래서 마음을 단단히 먹어야 한다는 것이다. 남편이 그것을 깨닫는 데까지 걸리는 시간은 알 수 없기 때문이다.

A님은 남편의 그런 행동이 어떤 의도이고 어떻게 대응해야 하는지 확실히 이해하고 받아들였다. 그 이후 남편의 행동이 신경 쓰이지 않기 시작했고 점점 아무렇지 않게 대응을 할 수 있었다. 남편에게 이혼 의도가 없다는 것도 확실했기 때문에 아내의 할 일을 하면서 덤덤하게 지냈다.

그러던 어느 날, 남편이 술에 취해서는 갑자기 예전처럼 A님에게 장난을 치기 시작했다고 한다. 남편 입장에서는 A님의 마음을 떠보는 일종의 테스트였다고 볼 수 있다. 술기운을 빌미로 예전처럼 아내를 대하면 아내 역시 똑같이 대해 줄 수 있는지를 확인했던 것이다.

물론 필자는 남편이 장난기가 많은 성향이라 이런 상황까지 있을 수 있다고 미리 말을 해두었다. 예상을 하고 있던 A님은 지난 일에 대해서는 일절 언급을 하지 않고 남편의 장난을 받아 주면서 잠이 들었다고 한다.

그 이후 A님은 삶이 너무 편해졌다고 한다. 남편과 비슷한 일로 싸우기는 하지만 남편이 한 번도 침묵하는 행동을 하지 않는다고 한다.

사실 남편도 침묵하고 투명 인간 취급을 하면서 스스로가 괴로웠을 것이다. 왜냐하면 자신이 더 이상 그 방법으로 아내에게 자존심을 부릴 수 없다는 것을 알았기 때문이다. 그리고 그 이후에는 본인도 그런 괴로운 상황을 다시는 만들기 싫었을 것이다. 더 이상 남편은 침묵을 할 필요가 없어진 것이다.

남편에게 갑자기
이혼 소송을 당했습니다

남편이 진심으로,

"우리 사이는 이미 끝났다, 이혼하자."

라고 한다면 어떻게 반응해야 할까? 남편과는 달리 이혼을 원하지 않는다면 아마 이렇게 반응할 것이다.

"어떻게 나한테 헤어지자고 이야기를 하는 거냐?"

"어떻게 애들 아빠라는 사람이 이혼이라는 것을 생각할 수 있느냐?"

라며 화를 낼 것이다. 그리고 상처받은 마음에 엉엉 울어 버릴지도 모르겠다. 남편이 미안함과 죄책감을 느끼면 마음

을 바꿀 수 있을 것이라 기대하기 때문이다. 하지만 이런 모습에도 남편이 완강하다면,

"내가 잘못했어. 애들 얼굴 봐서라도 이혼은 다시 생각해 보자."

라고 하면서 매달리기도 할 것이다.

하지만 이런 태도들은 남편의 이혼에 대한 의지를 더 강하게 만들 가능성이 높다. 왜냐하면 앞에서 나열한 태도를 보이는 아내의 모습이 매력적이지도, 가치 있어 보이지도 않기 때문이다.

남편이 완강하게 이혼을 요구해서 하루하루가 불안하던 B님이 코칭을 요청해 왔다. 남편과는 육아를 같이 시작하면서 갈등이 본격화되었다. 남편이 처음부터 이혼을 원했던 것은 아니었다.

다만 서로 다른 성격 때문에 의견 충돌이 일어나고 이것이 싸움으로까지 번진다는 것은 서로가 잘 알고 있었다. 그래서 남편도 문제 해결을 위해 아내에게 부부 상담을 요구했고 함께 상담을 시작했다. 그런데 부부 상담을 하면서도 남편과의 갈등은 전혀 좁혀지지 않았다고 한다. 그러다 보니 B님 역시 '에이, 나도 모르겠다'는 생각과 함께 자포자기 상태가 되었다. 그렇다고 이혼할 수도 없으니 '그냥 애만 바라보고 살아야겠다'고 생각하기 시작했다. 남편에 대한 기대를 포기하고 살

면 언젠간 좋은날이 올 것이라고 생각하면서 버텼다고 했다.

남편과 부딪히는 것은 불편하지만, 최대한 남편과 다투지 않을 정도, 딱 그 정도만 맞추면서 모든 에너지를 아이에게 쏟았다고 한다. 그런데 어느 날부터 남편이 진지하게 이혼을 요구하기 시작했다. 그렇다고 남편이 외도를 하지는 않았다.

남편의 이혼 요구는 단호했다. 부부싸움을 하다가 홧김에 하는 "그럴 거면 우리 이혼해"라는 말과는 완전히 달랐다. 남편은 매우 진지하게,

"나, 네가 너무 싫다. 이혼하자. 한두 달 내로 나는 집을 나갈 거다."

라는 말을 매일하기 시작했다. 아내 입장에서는 당황스러웠다. B님이 포기하고 살면 괜찮을 줄 알았고 어느 정도는 맞춰 주며 산다고 생각했으며, 그 덕에 어느 정도 안정을 찾았다고 생각하고 있었기 때문이다.

그래서 처음 B님은 그렇게 심각한 문제가 아니라고 판단했다고 한다. 남편과 싸운 것이 한두 번도 아니었고, 남편이 이혼 요구를 계속 했지만 집안일이나 아이를 돌보는 일은 평소처럼 열심히 했기 때문이다.

'저 사람이 그냥 나를 괴롭히려고 그러는 거구나'라고 생각했다고 한다. 주변에서도 "네가 참고 기다려라", "그러다 말거다"는 식으로 말을 해서 남편의 이혼 요구는 계속 무시한

채 남편이 이혼을 포기할 때까지 기다렸다고 한다.

그런데 B님은 우연히 남편이 변호사까지 선임했다는 사실을 알게 되었다. 남편이 직접 이야기를 해 준 것은 아니고 남편의 카드 결제 영수증을 보게 되었는데, 그것이 변호사 선임 비용이라는 것을 알게 되었다고 했다. 그때서야 상황이 심각하다는 것을 직감하였다고 한다.

B님은 극도의 불안과 초조함을 느끼고 있었고 '어떻게 해야 이혼을 막을 수 있을까'에 대해서만 질문하였다.

필자는 단호하게 말했다.

"지금 그렇게 생각하고 있는 것 자체가 이혼을 막을 수 없는 이유가 됩니다."

보통 우리는 재난이 일어나 인명 구조가 필요한 경우 '골든타임'에 대해서 말한다. '골든타임'은 부부 관계에서도 존재한다.

그렇다면 나빠진 부부 관계가 다시 예전의 좋은 관계로 돌릴 수 있는 골든타임은 언제일까? 상대방이 헤어지자고 요구할 때일까? 아니면 그 이전일까? 상식적으로 생각해 봐도 상대방이 진지하게 헤어지자고 요구하기 전일 것이다.

남편과의 관계에서 골든타임은 남편이 이혼을 요구하기 전이다. 남편이 헤어지자고 말하기 전에 남편에게 대응하는 방식을 하나씩 바꿔 나갔다면 이혼을 요구하는 일은 막을 수 있었을 것이다.

하지만 B님은 안타깝게도 골든타임을 놓친 상황이었다. 지금 상황에서는 남편의 이혼 의지를 꺾을 수 있는 상황은 아니었다. 할 수 있는 일이라고는 현재 상황을 인정하는 것뿐이었다. 남편이 절대로 한순간의 충동적인 마음으로 가볍고 쉽게 '이혼'이라는 결론을 내린 것이 아님을 인정해야 한다. 남편은 이혼을 하게 될 경우 아이는 상처 받으면서 성장할 수 있는 상황이라는 것까지 고려했을 것이다. 바보가 아닌 이상 이런 무거운 문제를 오랫동안 충분히 고민을 했을 것이다. 그리고 지금은 어떤 이유에서든지 아내에게 대한 감정을 완전히 정리했다는 것으로 받아들여야 한다.

그런데 이런 상황에서 희망을 찾으며 비현실적인 기대를 하면 안 된다.

'내가 빌고 몇 마디 하면 이혼 소송을 취하할 거야.'

'뭔가 강력한 조치를 취해서 마음을 돌려야겠어.'

이렇게 단순하게만 생각할 경우 남편은 어떤 마음이 생길까? 남편은 더욱더 자신의 이혼이라는 목표를 향해서 모든 에너지를 쏟아 부을 것이다. 어쩌면 B님이 보여 줬던 지금까지의 모든 행동이 오히려 남편이 이혼에 대한 의지를 불태우도록 독려했던 것일지도 모른다.

남편에게 손이 발이 되도록 빌어서 어떻게든 이혼 소송을 취하했다고 생각해 보자. 소송 취하 이후에 남편과의 관계는 어떻게 될까? 모르긴 몰라도 남편은 갑질을 시작할 것이다. 우리는 남편이 또 다시 이혼 이야기를 꺼낼까 봐 전전긍긍할 것이다. 그리고 싫은 소리 한마디 못하고 살아가야 할지도 모른다. 이혼 소송을 막는다고 해도 그 이후에 아내가 원하는 것을 얻기는 힘든 상황이 될 것임이 뻔하다.

남편이 심사숙고 끝에 진지하게 이혼 요구를 한다면 남편과 이미 정서적으로는 이혼했다는 것을 인정해야 한다. 물론 아내의 마음이 완벽히 정리되지 않고 혼란스럽더라도 남편이 내린 결론은 존중해 주는 태도가 필요하다. 그리고 관계를 회복하려면 생각보다 긴 시간이 걸린다는 사실도 받아들여야 한다.

그래서 필자는 B님에게 이렇게 말했다.

"지금 당장 이혼 소송을 취하하려고 하지 마세요. 이 일은 이미 벌어진 일이고 받아들여야 하는 부분입니다. 그리고 현재 상황을 인정하고 있다는 것을 알려야 합니다."

남편에게 말로 전하지 못하겠다면 메시지나 편지로라도 현재 상황을 인정하고 받아들인다는 취지의 아내 뜻을 전해야 한다고 했다. B님은 직접 말하면 남편 앞에서 울어버릴 것 같다고 하였다. 그래서 메시지로 남편에게 현재 상황을 받아들인다는 이야기를 정리해서 보냈다고 했다. B님이 마음으로 상황을 인정하고 받아들일 수 있도록 코칭을 해드렸다. 그리고 남편은 본인이 말했던 대로 집을 나가서 혼자 살게 되었다.

B님도 마음을 다잡고 시간이 흘러가면서 여유를 찾게 되었다. 그래서 남편이 나가는 것에 대해서도 마음은 아팠지만 붙잡지는 않았다고 했다.

그 후 남편은 2주 동안 시댁에 있었고 연락이 없다가 아이를 만나기 위해 주말에는 집에서 지내기 시작했다. 그리고 B님은 이혼과 관련해서는 남편과 소송을 하는 것이 아니라 최대한 잘 협조할 테니 조정을 통해서 잘 협의하자고 제안하였고, 남편도 흔쾌히 그 제안을 받아들였다.

과연 이 부부는 조정을 통해서 이혼을 잘 마무리하게 되었을까? 결론부터 말하자면 그렇지 않다. 이 부부는 이혼을 협의하던 도중에 지금 당장 이혼할 경우 재산을 분할하는 과정에서 경제적으로 손해를 본다는 사실을 알게 되었다. 그래서 남편은 2~3년 뒤로 이혼을 미뤄야겠다고 결정했고, 소송 자체를 취하하게 되었다고 한다.

그리고 몇 달 동안은 주말부부처럼 지내면서 생활하게 되었다. 그러다가 두세 달 뒤 남편이 다시 집으로 들어오게 되었다고 한다. 남편도 떨어져 지내는 것이 마냥 편하지만은 않다는 것을 알게 된 것이다.

주말마다 아이를 보러 왔다 갔다 하는 것도 여간 힘든 일이 아니었고, 이혼이 마무리되지 않아 다른 곳에 집을 구하기도 힘든 상황이었다. 남편이 집에 들어왔기 때문에 B님도 남편과 부딪히는 부분들에 대해서 피하는 것이 아니라 적극적으로 조율을 해 나가기 시작하면서 관계도 회복될 수 있었다.

만약 B님이 급한 마음을 진정하지 못하고 이혼만은 제발 하지 말자고 끝까지 빌기만 했다면 어땠을까? 반대로 강하게 밀어붙이며 '내가 이혼해 주나 봐라'라는 태도로 변호사를 선임해서 이혼 기각으로 맞섰다면 어땠을까? 아마 지금과는 완전히 다른 삶이었을 것이다.

남편에게 명품 백을 받았습니다

행복하려고 결혼했는데, 결혼을 하고 나서 오히려 더 외로워졌다는 느낌을 받아본 적이 있을 것이다. 그나마 잘 이해해 줄 거라고 믿고 있는 남편에게마저 실망하고 마음의 상처를 입었을 것이다. '이 세상에 어느 누구도 내 마음을 전혀 알아주는 사람 없구나'라는 생각이 들면서 혼자인 느낌을 받을 때가 있다.

남편과 오랜 기간 싸움이 지속되고 이제는 이혼밖에 답이 없다고 생각하던 C님이 찾아왔다. C님은 결혼 초기 뱃속에 아이를 가졌을 때의 일부터 이야기를 꺼냈다. 누구보다도 도움이 절실했던 그때부터 남편에게 엄청나게 큰 상처를 받았다고 했다. 임신 중인 아내를 두고 남편이 외도를 한 것이다. 물론 남편은 자신이 잘못했다는 것을 인정하고 상간녀와의 관계도 곧바로 정리했다고 한다.

아내는 믿었던 남편이 외도를 했다는 것을 인정하기도 힘들었지만, 결혼 생활 동안 남편에게 못해 주고 짜증도 많이 냈던 기억 때문에 마음 한편에는 미안한 마음이 있었다고 했다. '그래, 내가 좀 더 잘해 주면 되겠지'라고 생각하면서 한 번은 용서하고 넘어가자는 마음을 먹었다고 한다.

이후 아이를 키우면서 힘이 많이 들었고, 남편에게 서운하고 화가 나는 부분도 많았지만 웬만한 건 참고 넘어가려고 노력하였다고 한다. 그러다 보니 놀랍게도 남편과 다투는 일은 정말 많이 줄어 들었다고 한다.

하지만 인간관계에서 문제를 겪을 때 스스로 빠지게 되는 흔한 오류가 있다. 바로 상대방을 신경 쓰고 잘 대하다 보면 상대방은 그런 우리의 노력을 알아보고 우리를 좋아해 줄 것이라는 생각이다.

물론 상대방이 싫어하는 행동을 일부러 해서 기분을 망칠 필요는 없다. 하지만 관계가 나빠질까 봐 상대방에게 무조건 맞춰 주고 잘 대해 준다고, 상대방이 우리를 좋아한다는 보장은 없다.

예를 들어 매순간마다 들이 마시고 있는 공기에게 감사하다는 마음이나 좋아한다는 감정을 느끼는가? 아마도 그런 마음을 대부분 느끼지 못할 것이다. 공기는 늘 우리 곁에 존재하는 것이기에 가끔은 공기가 있다는 사실조차 잊어버린다.

우리는 공기에게 아무런 감정이 없다. 그저 당연한 것으로 생각하고 있을 뿐이다. 공기가 없으면 지구에서 단 10분도 못 살지만 공기를 좋아하거나 감사한 마음은 가지고 있지 않다.

마찬가지로 우리가 상대방의 행동에 신경 쓰고 잘 대해 줄수록, 상대방은 시간이 지날수록 그것을 당연하다고 느낀다. 그뿐만 아니라 상대방은 우리에게 감정이 생기지도, 감정을 공유하지도 않을 가능성이 높다. 그저 당연한 존재로만 느낀다.

아내가 남편을 위해서, 가정을 위해서 희생했다면, 남편도 아내에게 어느 정도는 헌신하고 참아주기를 원할 것이다. 하지만 현실은 그렇지 않다. 남편은 아내가 어떤 것을 원하는지 전혀 알지 못한다. 그저 남편은 아내가 하는 것을 당연하게 생각한다. 가만히 있어도, 어떤 노력을 하지 않아도 숨을 쉴 수 있는 공기처럼 남편은 자신이 가만히 있어도 아내의 도움을 받을 수 있다고 믿기 때문이다.

그런데 왜 C님은 남편에게 잘해 주려고 그렇게 노력을 했을까? C님은 성인이 되고 결혼 전까지 남자친구가 없었던 적이 한 번도 없었다고 했다. 그만큼 자신의 주위에 항상 믿고 의지할 사람을 두었던 것이다. 어렸을 때부터 외로운 것을 견디기 힘들어 했다고 한다.

C님처럼 외롭다는 느낌을 많이 받는 사람에는 특별한 능력이 있다. 바로 늘 주변에 친구나 지인 등 사람들과 함께한다는 것이다. 그러기 위해서 주변 사람들의 기분이나 감정을 잘 파악하고 그 기분을 공감해 주는 능력들이 탁월하다. C님 또한 눈치 있고 센스 있다는 이야기를 어렸을 적부터 많이 들었다고 한다. 그만큼 성격도 밝고 에너지가 넘쳤다. 자신이 어떻게 행동해야 남들이 자신을 좋아하는지를 너무나도 잘 알고 있었다.

C님은 본인이 살아왔던 방식대로 남편의 감정에 비위를 맞추고 남편의 힘든 부분을 미리 알아봐 주고 챙겨 주려고 노력하였다. 게다가 남편이 외도를 했었기 때문에 자신이 남편의 눈 밖에 나면 다시 혼자가 될 수 있다는 불안감으로 더욱더 자신을 희생하였다.

그런데 문득 남편이 자신에게 헌신적이지 않다는 것을 깨달았다. 시간이 지날수록 C님은 남편에게 서운함과 분노가 마음속에 쌓여갔다. 그렇게 꾹꾹 눌러 담다가 터지면 남편과 싸우게 되었다. 먼저 화를 내는 쪽은 언제나 C님이었고 아무리 화를 내고 닦달해도 남편은 전혀 바뀌지 않았다. 결국 그런 남편의 모습을 보면서 혼자서 이혼까지 결심하게 되었다.

필자와 처음 이야기를 나누었을 때에 C님은 많이 불안해 보였다. 남편과 관련된 이야기만 해도 숨을 제대로 못 쉴 정도로 분노와 원망 섞인 목소리로 말을 하였다. 남편이 얼마나 미웠으면,

"남편은 인간이 아니에요. 악마 같아요. 인간이라면 저렇게까지 내 마음을 몰라줄 수 없을 텐데."

라는 말도 하였다.

조금 진정하고 이야기를 이어 나갔다. C님은 남편의 외도를 알게 된 다음부터 남편과 함께 있어도 엄청난 외로움을 느꼈다는 것을 알게 되었다. 그때부터 남편과는 가까워지지 않는 벽이 생긴 것이다. 이전처럼 남편에게 정서적인 친밀감이 느껴지지 않았다고 했다.

"정말 내 마음을 알아봐 주는 사람은 아무도 없구나."

"나는 평생 이렇게 살아야 하는구나."

온통 혼자라는 생각뿐이었다고 한다.

일단 이 시점에서 먼저 외로움이라는 감정에 대해서 생각해 볼 필요가 있다. 결혼을 하고 배우자가 생긴다면 외로움이라는 감정은 사라질까? 대부분 그렇지는 않을 것이다. 물론 결혼을 하게 된다면 나의 평생 배우자, 동반자가 생기기 때문에 외롭지 않아야 한다는 환상을 가질 수는 있다.

그렇지만 외로움은 인생을 살면서 언제, 어디서든 느낄 수 있는 감정이다. 그런데 결혼 생활만큼은 외로움이 없어야 한다는 것은 앞뒤가 맞지 않다. 결혼을 했다고 해서 남편이 우리의 외로움을 완전히 해결해 줄 수는 없다.

그런데 결혼을 했으니 나의 배우자가 나의 외로움을 없애 줄 것이라고 굳게 믿고 있다면 어떨까? 물론 남편이 아내의 외로움을 채워줄 때는 아무 문제가 없다. 그렇지만 남편이 조금이라도 그런 모습을 보이지 않거나 삐딱하게 나오기 시작한다면 아내 입장에서는 기대가 와르르 무너지면서 괴로워하고 원망하게 된다. 결국 아내의 행복은 남편이 아내의 외로움을 채워주느냐 채워주지 않느냐에 의해 좌우된다.

결국 외로움이라는 감정 때문에 남편에게 의존하면 남편에게 우리의 외로움을 채워달라고 강요하는 꼴이 된다.

"내가 너를 믿고 결혼했는데, 왜 나는 행복하지 않는 거야. 네가 문제야. 네가 바뀌어야 해."

아내의 일방적인 요구에 남편도 지지 않고 맞서게 된다. 당연히 부부 사이는 좋아질 수가 없다. 물론 남편이 아내의 외로움을 공감하고 채워주려는 노력을 하지 않아도 된다는 말을 하는 것이 아니다. 당연히 부부라면 남편은 아내를 위해, 아내는 남편을 위해 노력을 해야 한다.

다만 아내 입장에서는 남편만 바라보고 있으면 안 된다는 말이다. 결혼 생활 안에서의 외로움을 일정 부분은 아내 스스로 다룰 수 있어야 한다. 그래야 최소한 남편에게 끌려다니며 휘둘리지 않게 된다.

그래서 C님에게도 외로움이라는 감정을 다룰 수 있도록 코칭을 해드렸다. 그리고 외로움이라는 감정을 채우기 위해서 남편에게 하나부터 열까지 다 맞춰가면서 잘해 주려는 것을 멈추라고 하였다. 대신 어떻게 행동해야 남편이 아내를 함부로 대하지 못하고 동시에 편안하게 느낄 수 있을지에 대한 코칭을 진행했다.

시간이 지나면서 C님은 남편뿐만 아니라 아이에게도 화를 내는 행동을 점점 줄일 수 있었다. 코칭이 진행되는 도중에 C님은 필자에게 이런 이야기를 했다.

"저는 아직 남편을 다 용서한 것이 아닌데, 남편은 저랑 너무 잘 지내고 있다고 생각하나 봐요. 이제는 저한테 장난도 치고 그래요."

얼마 지나지 않아 남편은 C님에게 아이와 함께 해외여행을 가자고 제안했다고 한다. 그 전에는 부부 사이가 좋지 않았기 때문에 부모님을 모시고 가는 여행만 함께하였다고 했다.

C님은 남편의 제안이 100% 내키지는 않았지만, 아이를 봐서 여행을 다녀오는 것으로 결정했다. 남편은 공항 면세점에

서 아내에게 고가의 명품 백까지 선물하였다고 한다.

물론 시간이 지나면서 아내도 남편에 대한 분노와 서운함이 많이 사라졌고 잘 지낼 수 있게 되었다고 한다.

만약 현재 남편과의 관계에서 외로움을 느끼고 있다면 자신이 느끼는 외로움을 어떻게 다룰 것인가에 초점을 맞춰 보기를 바란다. 그 외로움만 잘 다룰 수 있다면 남들에게 한층 더 매력적이고 가치 있는 사람으로 보일 것이다. 남편이 우리를 바라보는 시선 또한 많이 바뀔 것이다.

남편의 외도로 속앓이 하던 제가
남편과 주말마다 캠핑을 다녀요

영화나 드라마, 요즘은 예능에서도 불륜이라는 소재를 가볍게 다룬다. 불륜은 남녀노소 가리지 않고 관심을 끌 뿐만 아니라 막장 드라마 같은 요소를 가지고 있기에 예상치 못한 반전을 기대하는 사람들의 이목을 쉽게 사로잡는다.

하지만 불륜이 드라마에서만 나오는 이야기가 아니라 실제 우리의 얘기라면 절대 가볍지 않다. 남편이 다른 여자를 만나 왔으며, 심지어 신혼 때부터 주기적으로 여자가 바뀌어 왔다면 어떨까? 20년간 자신의 남편이 여러 여성들과 외도를 했다는 것을 알고 있었지만, 아이들 때문에, 주위 시선 때문에 어쩔 수 없이 피눈물을 흘려가면서 참고 버티던 D님이 필자를 찾아왔다.

우리는 다른 사람들의 불륜에 대한 이야기를 들으면 "아휴, 저 정도는 이혼해야지", "그래도 한 번 기회는 줘야 하지 않을까?"라며 쉽게 결론을 내린다. 그런데 자신의 남편이 누군가와 외도하는 현장을 눈으로 본다면, 남편의 휴대폰에서 아내가 아닌 다른 여성과 오랜 시간 애정 표현을 해 온 것을 발견한다면, 혹은 통화 녹음에서 남편이 다른 여성에게 "자기야", "여보야"라고 말하는 것을 듣는다면 과연 쉽게 마음을 잡을 수 있을까? 절대 평정을 찾을 수 없다.

많은 사람들이 남편의 외도 사실을 알게 되면 그 순간 "몸이 굳어버린다", "몸이 얼어버린다"라고 말한다. 당사자에게는 너무 큰 충격이다 보니 대부분 패닉 상태에 빠지게 되는 것이다.

D님도 남편이 외도한다는 사실을 알아차릴 때마다 증거라도 확실히 잡아야 한다는 것을 알았다. 그게 아니면 남편에게 이혼이라도 요구해야 한다는 것을 머리로는 알고 있었다. 하지만 여러 가지 이유로 계속 무기력해지고 죽을 것 같은 고통을 참고 지내다 보니 20년이라는 세월이 흘러버린 것이다. D님은 필자에게 이렇게 물었다.

"남편은 원래 저런 놈이고 저는 항상 그것 때문에 당해 왔는데 남편이 달라질 수 있을까요?"

'바람을 한 번만 피는 사람은 없다'는 말을 자주 들어 봤을 것이다. 외도를 하는 사람들의 타고난 성향은 바뀌지 않을 것이라는 의미다. 심리학에서조차도 성격은 타고나는 부분이 있어서 좀처럼 바뀌지 않는다고 한다.

그런데 정말 사람은 바뀌지 않을까? 방금까지는 사람이 바뀌지 않는 측면에 대해서만 다루었지만, 다른 측면에 대한 이야기도 해 보겠다.

인간이 정말로 신기한 것은 이중적인 태도를 보일 수 있다는 것이다. 외도하는 남편이 자신의 아내에게는 함부로 대하는 반면 상간녀에게는 세상에서 가장 다정하고 따뜻하게 대하는 경우가 많다. 또 아내한테는 모질게 대하면서도 아이에게는 한없이 따뜻한 아버지의 모습을 자주 보인다. 본인의 타고난 성질을 눌러가면서까지 말이다. 그런데 이런 이중적인 모습 때문에 아내는 두세 배로 상처를 받는다.

사람의 타고난 성격은 바뀌지 않을 수 있지만, 그 사람이 어떤 사람을 대하는지에 따라서 사람의 행동은 충분히 바뀔 수 있다는 것을 알 수 있다. 그래서 아내 자신이 남편에게 더 이상 만만한 사람으로 보이지 않는 것이 중요하다. 이런 이유로 지속적으로 외도를 하는 남편이라고 해도 아내가 어떻게 대응하느냐에 따라서 남편의 행동은 충분히 달라질 수 있다.

하지만 D님은 남편과 벌써 20년을 같이 생활해 왔다. 아내 나름대로는 남편을 바꾸기 위해서 온갖 노력들을 다 해 봤지만 소용이 없다는 것을 여러 차례 느꼈다. 심지어 굿판도 벌이고, 부적도 붙였으며, 정신과도 다녔다고 한다. 그러면서 '내가 뭘 해도 상황은 아무것도 바뀌지 않을 거야'라는 생각이 깊숙이 자리 잡았다.

그래서 필자는 D님에게 단호하게 말했다. 이전처럼 그렇게 무기력하게 살 것인지 아니면 남편이 바뀔 수 있다는 가능성을 믿고 도전할 것인지 선택해야 한다고 말이다. 물론 D님은 한 번 더 도전하겠다고 했다.

D님에게 가장 필요한 것은 마음 안의 장애물을 하나씩 걷어내는 것이었다. 그 장애물들이 D님의 삶을 앞으로 나아가지 못하게 만들고 있었기 때문이었다. 뭘 해도 상황이 바뀌지 않을 거라는 생각들은 무엇인가를 시도하는 것조차 막기 때문이다.

필자와 D님은 스스로를 무기력하게 만드는 비합리적인 생각들이 무엇인지 바라보고 이야기 나누기 시작했다. 20년 동안 쌓여온 신념들이기에 시간이 걸렸지만 효과는 확실했다. 그러자 D님은 점점 삶에 대한 희망과 의욕을 되찾기 시작했다. 그리고 점차적으로 남편의 말이나 행동에 대응해가는 방식 또한 바뀌기 시작했다.

과연 D님은 지금 어떻게 지내고 있을까? 지금은 남편과 주말마다 여행을 다니고 있다고 한다. 그렇게 될 수 있었던 이유가 있었다.

D님은 남편으로 벗어나고 싶다는 마음에 15년 전부터 꾸준히 일을 해 왔다고 하였다. 그런데 이번에 코로나를 거치면서 일을 그만두게 되었는데도 오히려 너무 좋다고 하였다. 남편과의 관계가 좋아지면서 일을 해야 할 시간에 부부 동반 여행을 다닌다고 하였다. 최근에 "예전에는 참 미안했다. 지금처럼 지냈으면 좋겠다"는 말을 남편에게서 들었다고 한다.

D님은 이 상황이 전혀 믿기지 않는다는 말을 여러 번 하였다. 분명 몇 개월 전까지만 해도 남편은 D님에게 "너는 내 스타일이 아니다"라는 말까지도 서슴지 않고 했기 때문이다. 이런 말들을 들을 때마다 D님은 슬프고 우울해서 무기력한 일상을 보냈던 것이 전부였다. 그런데 몇 개월 만에 바뀐 자신과 남편의 모습은, 이전이라면 상상조차 하기 힘들었을 것이다.

D님은 삶의 의욕을 떨어뜨리는 여러 가지 생각들에 대해서 이야기를 나누던 중 문득 이런 생각이 들었다고 한다.

'내가 왜 남편과의 관계에서 손해를 보고 살아야 하지?'

부부이긴 하지만 남편은 항상 아내를 무시하고 업신여기는 태도를 자주 보였다. 그래서 D님은 '일단은 남편과 대등한 관계라도 되어야겠다'라고 굳게 다짐했다고 한다.

필자는 이 다짐이 남편의 행동을 바꿀 수 있었던 결정적인 계기라고 생각한다. D님은 당장 눈앞에 있는 남편의 행동을 바꾸려고 애쓰지 않았다. 그 전에 자신을 위해서 힘을 내보자고 마음먹었다.

예전에는 분하고 억울했지만 남편과의 의견대립에서 아무 말도 못했다고 한다. 남편과 대화만 하면 자신이 피해자가 된다는 생각밖에 들지 않았다고 한다. 그래서 예전에는 아이와 집안일에 대한 이야기 외에 남편과 일절 대화하지 않았다고 한다. 그렇게 '그냥 입 닫고 살아야겠다'라고 생각하며 산 세월이 20년이 된 것이다.

필자는 입을 닫고 지내는 20년이 편하였는지 물어봤다. D님은 편하지 않았다고 하였다. 그래서 어차피 입을 닫든, 남편과 부딪혀서 문제를 해결하든, 우리가 삶에서 발생하는 고통은 피할 수 없는 것 같다고 말하였다. D님도 크게 공감을 하였다.

그리고 남편과의 대화를 어떻게 이끌 것인지, 남편의 선 넘는 장난과 비난에 어떻게 대응을 할 것인지에 대해서 코칭 해드렸다. 결국 D님은 남편에게 당당해졌을 뿐만 아니라 남편 또한 아내를 대하는 태도가 점점 바뀌기 시작했다.

물론 무기력에서 탈출하면서 남편과 적극적으로 부딪힌다고 남편이 바로 바뀌지는 않을 것이다.

하지만 이것 하나는 확실하게 말할 수 있다. 최소한 남편을 통해서 참아왔던 답답함과 억울함을 상당 부분 덜어낼 수는 있다. 이것만으로도 우리의 삶에서 느끼는 불쾌한 감정들은 충분히 줄일 수 있게 된다. 우리의 삶에 대한 스스로의 만족도는 무조건 좋아질 수 있다.

저는 남편 말고
제 일에만 집중하고 싶어요

남편과 다툼이 지겹게 반복되다 보면 때때로 남편과 잘 지내고 싶은 마음을 포기하기도 한다.

"저는 남편과 잘 지내는 것은 바라지도 않아요. 거기에 제 에너지를 쓰고 싶지도 않고요. 그냥 남편이 제 인생에서 신경 쓰이지 않게만 해 주세요. 그것만 되더라도 저는 삶이 너무 편해질 것 같아요"

E님이 필자를 찾아와서 한 이야기다. 이야기를 들어 보니 충분히 그럴 만 했다.

E님은 개인 사업을 성공적으로 진행하고 있었다. 그래서

회사원인 남편보다 훨씬 더 많은 돈을 벌었다. 게다가 집안일을 하는 것도, 아이들을 키우는 것도 대부분 E님이 도맡아서 하고 있었다.

남편도 있는데 왜 혼자서만 그 많은 일들을 책임지는지 물어봤다. E님이 보기에 남편은 너무나 무능력한 존재처럼 느껴진다고 하였다. 자신이 관심 있거나 잘 하는 분야가 아니면 무엇인가를 배워야겠다, 해야겠다는 생각 자체를 하지 않는다고 했다.

심지어 주말에 밖에 나가서 일을 하고 있으면 집으로 음식 배달을 시켜달라는 남편의 전화가 온다고 했다. E님은 "네가 시키면 되지, 나 일하는 거 안 보이냐"라고 하면서 남편과 실랑이를 벌여봤자, 결국 말싸움에 지치는 건 본인일 수밖에 없다는 것을 과거에 이미 많이 경험하였다. 그래서 이제는 아무 말 없이 배달 어플을 켜고 주문을 한다고 한다.

그러니 E님 입장에서는 남편 때문에 받는 스트레스만 덜해도 숨통이 트일 것 같았던 것이다. 그래도 아이들에게 만큼은 좋은 아빠로 인식되고 있기에 아빠로 존재하는 것에만 의의를 둔다고 했다. 아내는 남편과 부딪히고 고통받는 시간이 줄어들수록 자신의 사업에 집중할 수 있고 아이들을 좀 더 수월하게 키울 수 있을 것이라고 기대했다.

그래서 필자는 두 가지 방향이 있을 것 같다고 말했다.

첫째, 남편이 뭘 하든 집에 말 안 듣는 강아지가 있다고 생각을 하고 남편의 행동에 신경을 꺼버리는 마음 훈련을 하는 것이다.

둘째, 남편을 천천히 집안일에 참여시킬 수 있도록 해 보자고 제안했다. 왜냐하면 어차피 남편과 이혼을 원하는 상황은 아니었기 때문이었다.

필자는 두 가지 방향을 동시에 진행할 수 있다고 말했다. 그러면 실질적으로 E님이 집안일을 줄이고 사업에 집중할 수 있는 시간을 확보하면서 시간은 더디더라도 점점 삶이 가벼워질 수 있을 것 같다고 하였다.

하지만 E님은 첫째 방향만을 진행하고 싶다고 했다. 그 마음도 충분히 이해가 되었다. 아마 남편을 위해서 많은 시간을 투자해야 할 필요성을 못 느꼈기 때문일 것이다.

E님의 의견대로 첫째 방향으로 코칭을 진행하였다. 남편을 대할 때의 불편한 마음은 점점 자연스러워지고 편안해지기 시작했다. 다만 남편에 대한 기대를 내려놓고 마음이 가벼워질수록 E님은 둘째 방향의 진행에 대해서도 관심을 가지기 시작했다. 남편에 대한 기대가 적어질수록 마음이 편해지니 한 번은 시도해 볼 만한 가치를 느낀 것이다.

그래서 예전과는 다른 방식으로 남편에게 원하는 것을 시키고 부탁하는 것에 대해서 코칭을 해드렸다. 물론 처음에는 괜한 기대를 갖는 것이 아닐까 싶어 포기하고 싶다고 하였다.

예를 들어 남편에게 뭔가를 시키면 하긴 하는데 마음에 들지 않아서 아내가 다시 해야 하는 상황들이 생기는 것이다. 믿고 맡기려고 시키는 건데 두 번 일을 하는 것 같아서 '이게 맞나?'라는 생각이 자꾸 드는 것이다.

하지만 이때 필자는 E님에게 이런 이야기를 하였다.

"어떤 분들은 미국으로 이민을 가더라도 한국인들만 만나면서 평생 영어를 배우지 못할 수도 있을 겁니다. 반면에 어떤 분들은 한국에 있으면서도 외국인들과 많이 교류하면서 자신도 모르게 유창한 영어를 배울 수도 있을 겁니다. 이걸 보면 한 사람이 영어를 잘하고 못하고는 본인의 의지 때문만은 아닐지도 모릅니다. 그 사람이 어떤 사람과 상호작용을 하고 있는지에 따라서 영어를 잘 하게 될 수도 있고, 평생 배우지 못한 채 지낼 수도 있는 것 같습니다. 아마도 남편분도 마찬가지일 수 있습니다. 하나부터 열까지 자신이 아무것도 하지 않아도 집안이 잘 굴러간다면, 사실 남편분은 평생 동안 집안일을 배울 기회를 잃어버릴지도 모릅니다. 아예 이런 생각에 빠져 있을지도 모릅니다. '원래 집안일은 아내가 하는 거야'. 그리고 이걸 또 자녀분들이 보고 자랄 겁니다. 물론 우리는 남편이 집안일에 서툴고 의지도 없고 대충하려고 한다는 것을 알죠. 너무 잘 알고 있습니다. 하지만 그것들을 계속 해야만 하는 상황을 만들어 준다면 어떨까요? 남편분은 더디지만 집안일이라는 것을 비로소 배우기 시작할 겁니다."

E님은 필자의 이야기에 깊게 공감하였다. 그래서 남편에게 시켜보는 자신의 행동 자체에만 의미를 두기 시작했다고 한다. 남편이 아내의 요청을 들어주든 들어주지 않든 크게 신경을 쓰지 않고 말이다. 어차피 남편이 해 주면 아내가 해야 할 일을 더는 것이고 해 주지 않거나 완벽하게 하지 않더라도 밑져야 본전이기 때문이다. 이 생각으로 하나둘 남편에게 집안일을 당당히 맡기기 시작했다. 지금 이 부부는 어떻게 지내고 있을까?

E님의 남편은 결국 전업 주부를 하게 되었다고 한다. 예전에 남편은 자기가 회사라도 안 다니면 자기 자신이 아무것도 못하는 무능력한 사람이 될 것 같아서 회사 생활을 힘들게 버텼다고 한다. 그런 지친 몸과 정신으로 집에 와서는 쉰다는 명목 아래 게임만 하거나 잠만 잤다고 한다.

그런데 지금은 전업 주부로 충분히 역할을 하고 있으니 남편 또한 훨씬 마음이 편하다고 한다. E님은 현재 남편을 믿고 밤늦게까지도 집안일에 대한 걱정 없이 맘 편히 사업을 하고 있다.

만약 E님이 남편이 알아서 해야 할 일을 하지 않는다고 계속 가만히 놔뒀다면 어땠을까? 아마도 지금 E님은 본인의 사업도 그리고 육아와 집안일에도 온전히 집중하지 못하고 있을 것이다. 어쩌면 우리의 남편들은 집안일이나 육아를 배우고 도전할 수 있는 충분한 시간과 기회가 없었을지도 모른다. 인내심을 가지고 계속 시켜본다면 분명히 우리가 미래에 해야 할 짐들을 덜어낼 수 있을 것이다.

남편이 이혼을 요구하며 가출했습니다

아이들을 키우면서 가장 불안한 부분 중 하나는 아이가 언제 어디서 무슨 행동을 할 줄 모른다는 것이다. 일 분 일 초 긴장의 끈을 놓는 순간 아이에게 돌이킬 수 없는 일이 일어날 수 있기 때문이다. 비슷하게 남편이 언제 어디서 화를 내고 짜증 낼지 모른다면 어떨까? 아마 결혼 생활 내내 긴장하고 초조해하면서 살 가능성이 높을 것이다.

남편이 집을 나간 지 한 달이 된 F님이 필자를 찾아왔다. 남편은 집을 나가고 난 뒤에 전화나 메시지를 통해서 F님을 괴롭혔다. 이혼을 암시하는 협박성의 말들을 계속 해왔다. 돈은 어떻게 나눌 것이며, 아이들 양육은 어떻게 할 것인지 등 F 님에게 일방적으로 자신의 생각만을 통보했다고 한다.

사실 남편과 싸우면 남편은 이혼하자는 소리를 평소에도 많이 했다. 그런데 이번처럼 크게 화를 내고 급작스럽게 나가서 한 달 동안이나 들어오지 않은 적은 처음이라고 했다.

F님은 '이제 정말로 이혼을 해야 될 시기가 된 건가'라는 생각에 잠도 제대로 못 잔다고 했다. 또한 이 상황이 도대체 이해가 되지 않았다고 했다. 남편은 평소에 아내에게 적극적으로 애정 표현도 하고, 함께 무엇인가를 하는 것을 좋아했다고 했다. 그래서 주변에서도 남편을 '사랑꾼'이라고 부르며 부러워했다고 했다. 또 아이와 남편과의 관계도 나쁘지 않았다고 한다.

그런데 최근에 아파트 전세를 연장하느냐 아니면 집을 매매하느냐에 대한 이야기를 나누다가 의견 차이로 말싸움이 시작되었다. 싸움이 커지면서 남편은,

"이제는 더 이상 너랑 못 살겠다. 너랑 살다가는 답답해서 단명하겠다. 너는 이제 내 인생에서 끝이다."

라는 말을 하고 집을 나가버렸다고 한다.

필자는 F님에게 이혼에 대해서는 안심하여도 된다고 말하였다. 남편은 아내를 오랜 기간 동안 싫어했던 것이 아니기 때문이었다. 남편은 평소에 아내와 잘 지내고 싶어 했기 때문에

혼자 살고 싶다는 생각을 진지하게 하지 않았을 가능성이 높았다. 남편이 외도를 하지 않는 이상 실제로 아내와 이혼을 하려는 의도로 보이지는 않았다.

오히려 아내와 잘 지내고 싶은데 아내를 설득하다가 답답해서 화가 났고, 그런 자신의 분에 못 이겨서 허겁지겁 옷가지 몇 개를 챙겨서 나간 것으로 보였다.

전형적으로 다혈질적이고 감정적인 사람이었다. 이런 성향의 사람들은 자신이 충동적으로 선택한 행동을 통해 원하는 결과를 얻지 못하면 오히려 어떻게 할 줄 몰라 하며 스스로 더 불안해 한다. 그리고 자신의 행동에 대해서 후회를 한다.

그런데 F님은 너무 당황스럽고 불안했다. 왜냐하면 남편이 가출을 한 것도 처음인데다 구체적인 이혼 조건과 생각들을 지속적으로 표현했기 때문이다. 그래서 남편이 연락을 해올 때마다 "내가 다 잘못했으니 그만하고 집에 들어와라"고 계속 남편에게 매달렸다고 한다.

당연히 남편은 아내의 매달리는 모습을 보며 '이번 기회에 제대로 본때를 보여 줘야 한다'고 생각했을 것이다. 남편 본인도 나가서 생활하는 것이 눈치 보이고 불편하긴 하지만, 아내에게 자기 자신의 자존심도 잃지 않고 자신이 원하는 것을 얻기 위해서 이혼 요구를 한 것으로 볼 수 있었다.

그래서 일단 F님에게는 매달리는 것만 멈춰도 남편은 곧 집에 들어올 것 같다고 말했다. 그리고 남편이 이혼 요구를 할 때 앞으로 '알겠다, 이 상황을 모두 받아들이겠다' 정도의 대응만 하고 되도록 말을 길게 하지 말도록 코칭 해드렸다.

물론 남편이 집에 들어온다고 상황이 끝나는 것은 아닐 것이다. 이후 아내가 남편을 어떻게 대응하는 것이 좋을지에 대한 대안을 찾고자 두 사람의 결혼 생활 전반적인 이야기를 들어보기로 했다. 남편은 시시때때로 감정 기복이 상당히 심하고, 그때마다 아내에게 이것저것 자신의 방식을 강요해 왔다고 했다.

그래서 필자는 F님에게,

"남들이 남편을 사랑꾼이라고 부르고, 딱히 외도를 하거나 가족에게 소홀하지는 않아서 나름 평범한 결혼 생활을 하고 있다고 생각하셨을 것 같아요. 그런데 사실 남편분이 예측하기 힘들게 감정 기복도 심하고 성격도 조금 있으셔서 그걸 맞춰 주는데 힘이 들었을 것 같기도 하고요. 예를 들자면 남편분의 기분이 나쁘면 예전 일을 꺼내면서 아내분을 비난하지는 않으셨나요? 그러면 아내분은 그런 남편분의 모습이 두려워서 피하게 되고요."

이렇게 이야기를 하니 아내는 사실 남편하고 같이 있는 시간보다 혼자 있는 시간이 더 편하다고 했다. 남편이 언제 어디서 어떤 주제로 돌발적으로 화를 내고 아내를 비난하고 깎아내릴지 예상하기가 어려웠다고 했다.

결혼 생활 내내 남편이 원하는 대로 돈을 쓰고, 심지어 아이들이 친구 집에 놀러 가면 아이를 집으로 데려오는 시간까지 남편이 정해준 시간대로 맞춰 왔다고 한다. 그러다 보니 남편은 기분이 좋지 않을 때나 남편이 원하는 대로 잘 되지 않으면 화를 냈다고 한다.

결국 "나는 너를 위해서 이렇게 노력하는데 너는 그게 뭐냐? 왜 뭐 하나 똑바로 제대로 하는 게 없냐"며 F님을 비난하면서 자존심을 짓밟는 일이 수시로 일어났다고 한다. 당연히 F님은 이런 남편과의 상황을 피하기에 급급했다고 한다.

그럴수록 남편 역시 F님과 잘 지내려고 나름대로 노력했을 것이다. F님이 수동적일수록 남편은 F님에게 '이것도 해 봐라', '저것도 해 봐라' 하면서 점점 더 많은 강요를 할 수밖에 없는 상황이 된 것이다. 그 과정에서 남편은 F님에게 최선을 다한다고 생각을 했을 것이다. 그리고 남편은 F님을 아무것도 안 하는 사람처럼 보았을 것이다. 왜냐하면 F님이 자신의 눈치를 보며 피하는 느낌을 받았을 것이기 때문이다. 그래서 '내 아내는 본인 혼자서만 잘 지내려고 하는구나'로 생각하며 화를 내는 상황들이 많았을 것이다.

그래서 필자는 F님에게 가출했던 남편이 집에 들어오면 앞으로는 무조건 피하는 태도는 멈추라고 했다. 그 태도는

'을'이 되는 것이라고 말하였다. 또한 앞으로는 조금씩이라도 F님 본인의 의견을 당당하게 말하면서 남편과 부딪혀 보는 연습을 해야 한다고 했다.

이렇게 부딪히지 않으면 남편은 아내가 가정을 위해서 무엇을 노력하고 있는지를 전혀 알 수가 없기 때문이다. 무슨 문제가 발생하면 남편은 항상 먼저 나서야만 하고 아내에게 하나부터 열까지 지시를 해야 하는 상황이 반복된다. 자신의 말에 따르지 않으면 '이것조차도 안 한다'라고 생각하면서 아내를 계속 나쁜 사람으로 몰아갈 수밖에 없다고도 전하였다.

남편은 얼마 지나지 않아 '일단 집에 들어갈 테니 각오 단단히 하라'는 문자를 보내고 집에 들어왔다. F님은 용기를 내어 지금까지 남편에게 가졌던 불만이나 서운한 점에 대해서 말하기 시작했다. 남편이 나가 있는 동안 F님이 남편에 대해서 서운했던 점, 그래서 앞으로 원하는 점에 대해서 구체적으로 정리할 수 있도록 미리 코칭을 해드렸다. 그래서 담담하게 말할 수 있었다.

물론 남편은 F님의 이야기를 듣자마자 다시 화를 내기 시작했다. 하지만 F님은 침착하게 대응을 하였다. 오랜 기간 동안 이 이야기를 꺼내지 않았던 이유가 남편과 잘 지내기 위한 의도였고, 지금 어렵게 이야기를 꺼낸 이유도 앞으로 더 잘 지내기 위해서라는 것을 지속적으로 강조했다. 남편은 F님이 자신을 마냥 공격하려고 하는 것이 아니라는 점을 어느 정도 납득을 하게 되었다.

필자는 F님에게 앞으로 일상의 작은 결정들도 남편과 공유를 해야 한다고 말하였다. 예전의 F님이라면 남편이 귀찮아할까 봐, 또 화를 낼까 봐 겁을 냈을 것이다. 하지만 이제는 나름대로 알아서 해결하려고 했던 일들도 빠뜨리지 않고 하나하나 남편에게 물어보고 의견을 조율하기 시작했다.

남편은 때때로 "뭘 그런 것까지 나한테 물어보냐? 네가 알아서 해"라는 식으로 말을 하기도 했다. 하지만 아내가 정말로 알아서 하게 되면 장기적으로는 오히려 더 큰 문제가 생길수도 있다는 것을 이제는 F님도 이해하게 되었다.

그래서 F님은 남편의 반응이 두렵더라도 의견을 조율하는 것을 멈추지 않았다. 점점 남편이 버럭 하는 것에 대한 두려움도 사라졌다. 남편이 예측하지 못할 정도로 감정적으로 화를 내더라도 F님이 침착하게 대응을 할 수 있었기 때문이다.

이후 남편이 F님에게 일방적으로 화를 내는 일들은 정말로 많이 줄었다고 한다. 남편에게도 F님에 대한 믿음이 생겼기 때문이다. 예전에는 아내가 '아무것도 안 하는 사람', '내가 항상 챙겨야 하는 사람'이라고 생각을 했다면, 지금은 결혼 생활에서 발생하는 문제의 대부분을 아내에게 믿고 맡기고 있다.

혹시 남편이 화를 낼까 봐, 싫어 할까 봐 눈치를 보면서 해야 할 말을 못하고 있는가? 미처 하지 못한 말이 있다면 지금 당장 이야기해 보기 바란다. 물론 남편이 화를 낼 수도 있다. 하지만 아내가 두려움을 이겨낸다면, 더 이상 남편의 화나 짜증에 휘둘리지 않는다는 것을 확실히 보여줄 수 있다. 오히려 남편은 아내를 점점 더 신뢰하게 될 것이다.

자존감이 낮고
폭력적인 남편 때문에 힘듭니다

'남편은 아내에게 존경을, 아내는 남편에게 사랑을 받고 싶어 한다'는 말이 있다. 아마 한번쯤은 들어봤을 것이다. 뇌 과학적으로도, 진화 심리학적으로도 어느 정도 검증된 이야 기다. 그렇다면 아내가 남편을 진심으로 존경한다면, 아내는 남편에게 사랑받고 살 수 있을까? 아마 마음속으로 이렇게 답 할 것이다.

'아니 도대체 존경해 줄 만한 행동을 해야 존경해 주지.'

남편이 무작정 화를 내도, 거짓말을 밥 먹듯이 해도, 외도 를 해도 남편을 존경할 것이라면 차라리 머리를 깎고 스님이 되는 것이 더 행복할지도 모르겠다.

자존감이 낮은 남편과 같이 사는 게 너무 힘들다고 하면서 필자를 찾아왔던 G님의 이야기다. 남편 본인이 자격지심을 느끼면 사소한 일로 아내인 G님에게 싸움을 걸어온다고 했다.

예를 들어 남편이 밖에서 땀을 뻘뻘 흘리고 들어와 씻지도 않고 침대에 누워 있으면, 아내 입장에서는 남편에게 씻으라고 말할 수 있다. 그런데 남편은 아내의 씻으라는 말에,

"넌 내가 오늘 얼마나 힘들었는지 아냐. 나는 너보다 돈도 더 못 버니 침대에서 잠깐 쉬는 것도 하면 안 되는 거냐?"

라고 비아냥거린다고 한다.

G님의 입장은 이랬다. 남편이 씻지 않고 누워 있다가 잠이 들면 어중간하게 새벽에 깬다는 것을 알고 있었다. 잠을 제대로 못 자서 아침에 출근할 때 피곤해 하는 남편을 여러 번 봤었다. 단지 아내가 씻으라고 했던 것은 차라리 빨리 씻고 침대에 누워서 쉬라는 의도였다.

하지만 자존감이 낮았던 남편은 G님의 이런 이야기가 자신을 무시하는 것이라고 여기면서 화를 냈다. 평범한 가정처럼 잘 지내다가도 이런 일들은 계속 반복되었다.

G님도 사람인지라 남편의 그런 말들에 받은 상처가 쌓이면서 참다 또 참다가 화를 내게 되었다. 그럴 때마다 남편은

아내에게 본인이 존중받지 못했다는 말만 반복해서 했다고 한다. G님은 이런 싸움에 너무 지쳐 버렸다.

G님은 필자에게 물었다.

"어떻게 해야 남편을 존경해 줄 수 있을까요?"

"남편의 자존감을 어떻게 높여 줄 수 있는 걸까요?"

필자는 이런 상황에서도 남편을 감싸려는 태도를 보이는 이유가 더 궁금했다. 그래서 대답 대신 질문을 드렸다.

"왜 남편분의 자존감을 높여 주려고 노력하세요?"

G님의 이야기는 이랬다.

남편은 젊었을 때에 이것저것 사업을 하다가 모두 다 실패를 경험하였다고 한다. 물론 그 과정에서 빚이 많이 생기게 되었고, 어쩔 수 없이 오랜 기간 동안 원하지 않는 직장에 다니면서 개인 회생을 했다. 이런 상황을 G님도 충분히 공감하며 남편이 이해된다고 하였다. 그래서 아내로서 남편을 존경해 주고 그런 자격지심에서 벗어나게 해 주고 싶다고 하였다. 필자는 다음과 같이 답했다.

"지금 이런 상황에서 남편분의 자존감을 채워줄 수 있는 방법은 없습니다. 남편분의 자존감이 낮은 것이 G님의 잘못이 아니기 때문입니다. G님이 나서서 남편의 자존감을 채워 주어야 문제가 해결된다는 생각을 버리셔야 해요. 혹시 남편이 지금 G님의 이런 마음과 노력을 알아줄 것 같으세요? 그래서 남편이 G님을 사랑해 준다거나 관심을 가져줄 거라고 생각하시나요? 오히려 남편은 G님의 노력을 부정하려고 할 거에요. 혹시라도 남편의 상황이 좋아진다고 해도 모두 다 자기 자신이 잘나서고, 자기 자신의 덕이고, 자기 자신이 노력한 것이라고 이야기를 할 겁니다."

자존감이 낮은 사람은 보통 두 가지 정도의 태도를 보인다.

자신에게 일어나는 모든 일들이 자신의 탓이자 자신의 잘못이라고 생각하는 경우다. 그래서 상대방의 기분이 조금이라도 나빠 보이면 '내가 실수를 했나?', '상대방은 나의 어떤 행동이 마음에 들지 않았을까?'라며 곱씹는다. 자기 자신이 잘못하지 않았는데도 모든 문제를 자기에게서 찾는다.

다른 하나는 완전히 반대다. 자신의 약점이나 잘못이 드러나는 것을 매우 견디기 힘들어 해서 어떤 방법을 통해서든 그 약점을 감추려고 하는 경우다. 그래서 자신의 약점이 드러나거나 누군가에 의해서 건드려질 때마다 상대방의 잘못을 찾아서 비난하면서 자신의 약점을 감추려고 한다. 지금 G님의 남편은 후자에 해당하는 사람이다.

스스로 자존감이 낮다고 여겨서 이것을 극복하려고 한다면 무엇을 먼저 해야 할까? 먼저 자신이 가지고 있는 단점과 문제점을 부정하지 않아야 한다. 남탓을 하거나 혹은 반대로 내 탓만 하는 것을 멈춰야 한다. 그런 문제와 약점을 가지고 있는 것도 결국 나 자신이라는 것을 수용할 수 있어야 한다. 바로 그것이 우리의 자존감 기둥을 세우는 출발이 될 수 있다.

그런데 이 남편은 자신의 약점과 잘못을 감추고 부정하고 있다. 그 누구도 남편의 자존감을 끌어올려 주기 위해서 도움을 줄 수 있는 상황이 아니다. 그런데 만약 정말로 운이 좋아서 아내의 도움으로 남편의 상황이 좋아지면 무슨 일이 일어날까?

만약 G님이 헌신적으로 남편을 도와서 남편의 사업이 성공했다고 치자. 가장으로서 돈도 잘 벌어오고, 사회적으로도 인정받는 사람이 되었다고 가정해 보자. 과연 남편은 G님이 희생하고 도와준 노력에 대한 보답을 해 주기 시작할까? 예상컨대 아마도 그 반대일 가능성이 높다. 왜냐하면 자신은 문제가 없는 완벽한 사람이어야 하기 때문이다. 자신이 주변 사람들의 도움 때문에 잘 되었다는 이야기를 하게 되면 자기 자신이 부족한 부분, 약점이 있다는 것을 인정하게 되는 꼴이 되기 때문이다.

그래서 필자는 G님에게 더 이상 남편의 자존감을 올려 주려고 노력하지 말라고 했다. 그건 아내가 도와줄 수 있는 영역도 아니고 도와줘서도 안 되는 영역이기 때문이다. 거기에 남편이 자존심에 상처를 입을까 조심하고 눈치를 보는 것 역시 하지 말라고 했다. 대신 남편이 자격지심 때문에 아내를 비난하는 행동에 대해서는 어떻게 단호하게 대응을 해야 하는지를 코칭 해드렸다.

물론 자존감이 낮은 남편은 당당한 아내의 태도에 더 세게 비난하고 막무가내로 대하며 폭력적인 태도를 보일 수도 있다고도 하였다. 하지만 G님이 단호한 태도를 보여 준다면 상황이 바뀔 수 있다고 말을 하였다. 지금부터는 남편 자신이 아내를 괴롭히고 함부로 대하면서 자신이 가지고 있는 상처를 감출 수 없다는 것을 알려줄 수 있기 때문이었다. 그리고 남편이 하는 비난이나 폭력적인 태도는 잘못된 것이고 허용할 수 없다는 것을 알려줄 수 있는 계기라고도 하였다.

G님도 남편의 자격지심 때문에 더 이상 맞추면서 사는 것은 불가능할 것 같다고 말씀하셨다. 그래서 이번 기회에 남편이 자신의 잘못된 행동을 바라보고 깨닫는다면 같이 산다는 선택을 할 수 있는 것이고, 깨닫지 못한다면 G님도 이혼을 결정할 수밖에 없다고 마음을 먹었다고 했다.

예상대로 G님이 단호하게 대응할수록 남편은 더욱더 아내에게 심하게 대하기 시작했다. 결국 집안의 물건을 집어 던지는 행동까지 보였다. 경찰이 출동하고, 남편은 아내에 대한 접근금지 조치가 내려져 한 달 동안 시댁에서 지내게 되었다.

G님도 남편의 태도를 보고 처음에는 이혼을 해야겠다고 마음먹었다고 한다. 남편의 밑바닥을 빨리 봐서 차라리 다행

이라고까지 했다. 하지만 경찰 조사와 접근금지 이후 남편의 생각과 태도가 바뀌기 시작했다.

그리고 남편은 지속적으로 G님에게 문자를 보냈다. 집안에서 아이들도 있는데 폭력적인 행동을 보여서 미안하다는 문자를 보내왔다. 남편은 스스로 자신의 문제를 깨닫고 개인 상담을 시작했고 G님에게 부부 상담을 받아보자며 적극적으로 제안했다고 한다.

남편의 변화된 태도를 보고 G님도 이혼에 대한 마음을 접게 되었고 지금은 잘 지내고 있다고 한다. 그리고 이런 말도 덧붙였다.

"지금까지는 남편이 책임지고 해결해야 할 것들을 제가 다 가져와서 해결해 줬던 것 같아요. 이제는 그렇게 살지 않으려고요. 그리고 그렇게 살지 않아도 잘 살아지네요. 그리고 남편이 예전과 달라지는 모습을 보니 저도 진심으로 존경하고 싶은 마음이 생기는 것 같아요."

혹시 남편을 진심으로 존경하지 못해서 남편과의 관계가 좋지 않다고 생각하는가? 그렇다면 당장 그 생각부터 버리기 바란다. 무엇보다 남편이 아내에게 존경받을 만한 일을 하도록 상황을 만들어 나가는 것이 중요하다. 그러면 아내는 누가 시키지 않아도 자연스럽게 남편을 존경하고 있을 것이다.

남편 때문에
공황장애가 생겼어요

결혼 후 육아를 하면서 마음의 병에 시달리는 사람이 많다. 실제로 남편과의 사이가 나빠져 정신과에서 우울증이나 공황장애 진단을 받고 약을 먹는 사람 중에서도 필자를 찾아오는 사람들이 많다. 필자는 마음의 병을 치료할 약을 처방하는 정신과 의사가 아닌 데도 말이다.

아마 우울증이나 공황장애 같은 마음의 병을 겪어보지 않았다면 이런 생각을 할 수도 있다.

'남편 때문에 마음의 병까지 걸리고 그것 때문에 평생 불행하게 살아야 할 텐데. 무슨 남편 다루는 법을 배우는 거지?

그냥 빨리 이혼을 하는 것이 낫지 않나?'

하지만 애석하게도 이혼이라는 것은 쉽게 결정할 수 있는 문제가 아니다. 더군다나 마음의 병이 생겼다면 더욱 쉽게 결정해서는 안 된다. 예를 들어 공황장애를 겪으면 이혼을 하고 경제 활동을 바로 시작하기에는 무리가 있다. 언제 발작이 찾아올지 모르기 때문이다. 우울증으로 일상생활이 무기력하다면 남편에게 양육권을 빼앗길 수도 있다. 물론 우울증과 공황장애를 극복하는 것이 가장 중요한 부분일 것이다. 다만 이혼을 잘 하기 위해서라도 남편과의 관계에서 어떻게 대응해 나갈 것인지를 정하는 것도 매우 중요하다.

남편과 결혼을 한 이후에 공황장애를 겪게 된 H님에 대해 이야기해 보겠다. H님은 결혼과 동시에 직장을 그만두고 전업 주부의 삶을 살았다. 결혼하기 전 남편은 아내가 직장에서 힘들어 하는 것을 보고 직장을 그만두라고 권유했다고 한다. 당연히 H님도 남편의 말이 마음에 위안이 되었고 결혼과 동시에 직장을 그만두었다.

아내는 직장에서 받던 스트레스가 없어졌기에 주부로 편안하게 살 수 있을 거라고 생각했다. 하지만 그때부터 H님에게는 지옥이 시작되었다.

자연스럽게 남편과 함께하는 시간들이 늘었지만 아내는 항상 불안에 떨어야 했다고 한다. 가장 큰 문제는 남편의 예민한 태도였다. 남편은 수입이 꽤 높은 편이었지만 그로 인해 밤이든 낮이든 할 일이 항상 많았다.

그런데 코로나로 직장에 출근하지 않는 날들이 많아지다 보니 집에서 늘 예민한 모습을 보였다고 한다. 이때부터 H님이 조금이라도 남편의 신경을 건드리면 남편은 과격한 모습을 보였다.

예를 들면 남편이 일을 하고 있다가 혼자서 소리를 지르고 화를 내면, H님은 안쓰럽기도 하고 무슨 일이 있는지 걱정이 되었을 것이다. 그래서 "무슨 일이야? 화 좀 내지 마"라고 한마디를 하면 남편은 그때부터 모든 화를 H님에게 쏟아냈다고 한다.

"나 일하고 있을 때에는 건드리지 말라고 몇 번 이야기했냐"부터 시작해서 "너는 집에서 편하게 있으면서 표정은 왜 그 모양이냐", "밥을 먹었으면 바로바로 치워라. 냄새 나잖아" 등 온갖 트집이란 트집을 다 잡으면서 화를 냈다.

하루하루를 불안하게 지내다 보니 어느 날 갑자기 H님은 숨이 안 쉬어지고 자신이 죽을 것 같다는 공포를 느꼈다고 한다. 바로 공황발작의 증상을 경험한 것이다. 심한 경우는 하루에도 두세 번이나 발작을 경험하기도 했다고 한다. 그 당시에는 몸에 큰 병이 생긴 줄 알고 이곳저곳 병원을 돌아다녔지만 신체적으로는 전혀 문제가 없었다. 결국 정신과를 찾았고, 공황장애 진단을 받아 약을 복용하기 시작했다고 한다.

필자가 H님에게 물었다.

"아내분이 당장 이혼을 원하는 상황이 아니라면 불안을 느끼게 되는 원인이 남편분인 것처럼 보입니다. 남편분과 각방을 쓰시면서 소통을 줄여 버리시거나, 그것도 너무 싫으시다면 정서적인 안정감을 찾을 때까지는 따로 방을 구해서 생활하는 방법도 있을 것 같아요. 여건이 정 안 된다면 친정에서 지내는 방법도 있었을 것 같은데요?"

H님은 대답했다.

"그런데 제가 막상 직장도 그만둔 상황이고, 남편을 따라서 타지에 와 버린 상황이라 만날 친구들도 없어요. 그런데 남편은 아침이든 저녁이든 너무 일만 많이 하다 보니 저 혼자만의 시간이 너무 힘들더라고요. 그래서 저도 모르게 남편과 뭔가 조금이라도 같이 하려고 말을 거는데 그럴 때마다 싸우게 되고요. 그렇게 싸우면 정말 남편과 이혼을 하거나 친정으로 가서 지내고 싶다는 생각이 들기도 해요. 그런데 막상 또 남편과 이혼하거나 별거하면서 혼자 지낸다고 생각하면 무섭더라고요. '나는 결국 평생 혼자 살아야 하는 건가'라는 생각이 들기도 하고요."

'인간은 사회적인 동물이다'라는 말과 '인간은 결국 혼자다'라는 말을 들어 보았을 것이다. 인간관계에서는 무조건 이

두 가지의 딜레마가 존재한다. 인간은 누군가와 정서적인 교감을 하면서 살아가기도 하지만, 때로는 온전히 혼자만의 시간이 필요하고 그것들을 종종 즐기기도 한다.

그런데 누군가와 함께하기도 싫은데, 혼자 있는 것도 싫다면 어떨까? 아마 하루하루가 지옥일 것이다. 딱 H님의 상황이 그랬다. 남편과 함께하는 시간이 너무 고통스럽지만, 또 남편과 떨어져서 혼자 있자니 너무 외로웠던 것이다.

그래서 필자는 H님에게 최선이 아니라면 차선의 선택이라도 해야 한다고 말씀드렸다.

"남편과 꽝 하고 부딪혀서 이혼이든 그렇지 않든 결론을 내는 방법이 있을 겁니다. 그게 너무 무섭다면 이제 남편과 부딪히는 시간을 줄이시고 나머지 시간은 차라리 새로운 관계를 형성해 보는데 집중하면 좋을 것 같습니다. 직장 생활을 다시 해 보시면 좋을 것 같아요."

H님도 이 말에는 동의하였지만, 직장에서 공황발작을 경험하게 될까 봐 심사숙고하면서 고민을 많이 하였다. 그래도 약도 잘 챙겨 먹고 정신과에도 잘 다니고 있으니 용기를 내어 다시 직장생활을 하기로 결정을 하였다. 곧 직장동료들과 친밀해지면서 함께하는 시간도 서서히 늘어났다.

남편과의 관계에서 함께하는 것이 불안하고 싫었다면, 이제는 동료와의 관계를 통해서 '누군가와 함께 있어도 나는 괜찮다', '안전하다'는 것을 스스로 체험하면서 정서적인 안정감을 얻었다. 공황장애 증상도 약을 들고 다니지 않아도 될 정도로 좋아졌다.

다만 H님에게 남은 한 가지 숙제는 혼자 지내보는 것이었다. 직장에 다니면서 남편과 함께하는 시간이 줄어들었고 남편과 부딪히는 일은 줄어들었다. 하지만 H님은 혼자 있는 시간이 싫어서 집에 오면 무의식적으로 남편과 함께하는 시간을 가지려고 했다.

남편은 늘 예민하니 결국에는 또 다시 싸우게 되는 일이 반복되었다. 그래서 H님에게 혼자 있는 즐거움을 찾아보자고 제안했다.

그리고 혼자 있는 시간이 왜 싫은지에 대해서도 깊은 이야기를 나눴다. 혼자 있을 때의 불안은 어렸을 적 부모님과의 관계, 학창 시절의 기억들과 연관이 있었다. 과거에서 오는 불안함에 대해서 코칭을 해드렸다. 그리고 H님은 퇴근하고 집으로 귀가하여 온전히 휴식을 취하고 혼자만의 시간을 보내는데 익숙해지기 시작했다.

H님은 코칭을 진행하면서 현재 남편과는 이혼을 해야겠다는 생각이 확고해졌다고 한다. 예전에는 혼자 있는 시간이 무서워서 이혼을 마냥 두려워했다면 이제는 두려움이 없어졌다.

그리고 H님은 고민 끝에 남편에게 진지하게 이혼을 말했다. 처음에 남편은 '장난치지 말라'라는 식으로 별일 아닌 것처럼 받아들였다고 한다. 하지만 남편도 아내가 오랫동안 이혼을 진지하게 고민해 왔다는 것을 실감하고는 큰 충격을 받았다. 그리고 비로소 자신의 행동이 아내에게 얼마나 상처를 주게 되었는지 깨닫게 되었다.

사실 남편은 아내에게 예민하게 굴긴 했지만 애정이 없었던 것은 아니었다. 그래서 H님이 이혼 이야기를 꺼낸 후 남편은 적극적으로 아내를 붙잡았다.

지금 이 부부는 어떻게 지내고 있을까?

남편은 주말에는 일을 하지 않겠다고 H님과 약속을 했다고 한다. H님도 이제 직장이 있으니 남편의 수입이 조금 줄더라도 경제적인 부분에는 큰 걱정이 없었기 때문이다. 그리고 주말은 온전히 H님과 함께하는 시간을 늘려 나갔다. 그렇다고 '주말에는 부부가 무조건 함께하는 시간을 보내야 한다'는 약속을 하지는 않았다. 주중에 힘들게 일했으니 남편과 아내에게 혼자서 쉬는 시간도 필요했기 때문이다. 누구 하나가 함께하는 시간을 강요하지 않았지만 자연스럽게 함께하는 시간이 늘었다고 한다.

H님이 남편 때문에 마음의 병을 얻어서 무작정 이혼을 결정하였다면 지금 어떻게 되었을까? 혼자 지내는 것도, 누군가를 만나는 것도 어려웠을 것이라고 생각한다. 혹시라도 남편

때문에 마음의 병을 얻었거나 그럴까 봐 걱정이 된다면 이혼부터 생각하지는 말았으면 한다.

그전에 아내 스스로 혼자 지낼 수 있는 연습을 해 보길 바란다. 그리고 남편 이외에도 함께 할 수 있는 사람들을 만들어 나가길 바란다. 이 두 가지가 가능해질 때 이혼이든 관계 회복이든 선택할 수 있는 옵션은 많아질 것이다.

친정 부모님과
남편의 갈등 때문에 괴롭습니다

결혼이 연애와 다른 점은 무엇일까? 바로 가족과 가족이 엮인다는 것이다. 남자친구를 만나고 연애를 하는 것은 부모님의 허락이나 눈치를 볼 필요가 없다. 하지만 남자친구가 남편이 되면 이야기는 달라진다. 시댁에서는 남편 중심으로 결혼 생활이 흘러가기를 바라고, 친정에서는 아내가 남편에게 사랑받고 배려 받으면서 지내기를 바란다. 어떤 경우에는 부모님이 사위나 며느리에게 무한한 대접을 기대하기도 한다.

그나마 요즘은 부부 중심의 결혼관이 많이 자리를 잡았다. 하지만 집을 마련하기 위해서, 생활을 하기 위해서 부모님에게 경제적인 도움을 받게 되고, 맞벌이를 하기 위해서는 부모님에게 육아를 부탁해야 하는 상황을 맞기도 한다. 완전히 양가 부모님의 눈치를 보지 않고 부부 중심으로만 살기에는 현실적으로 어렵다.

그러다 보니 남편과 아내 사이에는 별다른 문제가 없지만, 양가 부모님과 의견이 엇갈리고 작은 문제라도 발생하면 그것이 결국 부부싸움으로 이어지면서 이혼 위기를 겪기도 한다.

결혼을 하고 5년 동안 남편과는 별 탈 없이 잘 지냈던 I님이 필자를 찾아왔다. 얼마 전에 남편과 친정 부모님 사이에 발생한 문제로 힘들어 했다.

친정 부모님께서는 결혼 이후 사위에게 크고 작은 불만을 가지고 있었다. 그러던 어느 날 친정 부모님을 집으로 잠깐 모셔야 하는 일이 생겼다. 그런데 저녁 식사 자리에서 친정 부모님은 이때다 싶으셨는지 남편에게 그동안의 불만을 토로하였다.

시간이 지나면서 친정 부모님은 남편에 대한 비난의 강도를 높였다. 남편도 점점 가만히 이야기를 듣고 있기가 어려워졌다. 결국 부모님이 말하는 도중에 남편은 크게 소리를 지르면서 밖으로 나가 버렸다. 그 사건 이후로 남편은 친정 부모님에게는 물론이고 아내에게도 차갑게 대하기 시작했다. I님 입장에서는 이 사건 이후 남편과 자신 사이에 커다란 벽이 생긴 것 같다고 말하였다.

남편의 입장은 어땠을까? 남편 역시 처가에서 자신을 사위로 인정해 주지 않고 탐탁지 않게 여긴다는 것을 알게 모르게 느꼈을 것이다. 그렇지만 아내와는 사이가 나쁘지 않았었기 때문에 큰 문제라고 여기지 않았다. 그렇다고 자신을 맘에 들어 하지 않는 장인장모에게 잘 보이려고 노력하지도 않았다.

그런데 갑자기 장인장모가 아내가 보는 앞에서 자신을 대놓고 비난을 하니 자존심이 상하고, 화가 나서 나가 버렸던 것이다. 또한 자신을 비난하는 친정 부모님에게 나서서 한 마디도 못하는 아내에게 실망한 것이다.

친정 부모님의 입장은 달랐다. 부모로서 사위에게 이런저런 이야기를 할 수도 있다고 생각했다. 본인들의 말이 채 끝나지도 않았는데 소리를 지르며 자리를 박차고 나간 것은 예의에 어긋난다고 여겼다.

그리고 같이 잘 살라고 경제적인 지원도 아낌없이 했는데 싫은 소리 하나 안 들으려는 사위가 내심 서운하고 배은망덕하다는 입장이었다.

그 사건 이후에 부모님의 분노는 더 커졌다. 사위가 먼저 나서서 사과를 할 줄 알았는데, 아무런 연락도 없다는 것에 화가 더 났던 것이다. 그리고 여러 차례 I님에게 전화로,

"남편에게 너는 제대로 사과도 안 받고 뭐하고 있냐? 너 지

금 이런 상황에서도 이혼을 안 하겠다는 말이냐?"

라며 통화를 할 때마다 I님의 마음을 심란하게 만들었다고 한다.

그래서 I님은 친정 부모님과 남편 사이에 끼어서 도대체 어떻게 해야 하는지 혼란스러웠다. 그리고 I님도 남편에 대한 원망이 생길 수밖에 없었다. '그래도 부모님인데 싫은 소리 좀 참고 넘어가 주지', '부모님에게 해서는 안 되는 행동을 했다면 사과라도 제대로 좀 하지'라는 마음이 들 수밖에 없었다.

누구의 말이 맞는 말일까? 보통 이런 상황에서는 누가 더 잘못을 많이 했는지를 따지게 된다. 그런데 과연 누가 더 많은 잘못을 한 것인지 가려낸다면 이 상황이 해결될 수 있을까? 아마 전혀 그렇지 않을 것이다. 이 상황을 해결하려면 먼저 선택을 해야 한다.

'나는 남편 편을 들어줄 것인가? 아니면 부모님 편을 들어줄 것인가?'

만약 I님은 남편의 행동을 절대 이해할 수 없고, 용납할 수 없다는 결론을 내렸다면 남편에게 사과를 하라고 지속적으로 요구하면 된다. 사과하지 않고 진심으로 반성하지 않는다면 이혼을 선택하는 방법도 있을 것이다.

반대로 I님이 남편의 편을 들어주겠다고 마음을 먹을 수도 있다. 그렇다면 부모님에게는 단호해야 한다. 더 이상 부부 사이를 간섭하지 말고 남편에 대한 비난을 멈추라고 말해야 한다. 물론 I님이 여러 번 부모님에게 이야기를 했는데도 부모님은 부정적인 말을 계속 할 수도 있다. 그렇다면 부모님과의 관계에서도 충분한 거리를 두어야 할 필요가 있다.

I님은 남편과 잘 지내고 싶은 마음이 크다고 하였다. 그래서 꼭 누구의 편을 들어야 한다면 남편의 편을 들겠다고 했다. 이 일이 있기 전에는 남편과 큰 문제가 없었기 때문이다. 그런데 한편으로는 선택할 수 없다고도 했다. 부모님에게 단호하게 군다면 자식으로서 너무나 큰 죄를 짓는 것처럼 느껴졌기 때문이다.

그렇다면 친정 부모님은 남편에게 쓴 소리를 했던 이유가 무엇일까? 아마도 딸을 많이 아끼고 사랑했기 때문일 것이다. 사랑하는 딸의 결혼 생활이 조금이라도 힘든 부분이 없기를 바랄 것이다.

그런데 자신의 딸을 사랑한다는 이유로 딸과 사위에게 쓴 소리를 해도 되는 걸까? 그리고 그렇게 하는 것이 자식에게 실질적인 도움을 줄 수 있을까? 둘 다 아닐 것이다. 사랑한다는 이유로 쓴 소리를 해도 된다는 법은 없다. 그리고 그런 방식은 자녀에게 실질적인 도움도 줄 수 없다.

바람직하고 건강하게 딸을 사랑하는 방식은 딸이 새로운 가정을 이루었을 때 자신들의 품을 떠났다는 것을 인정하는 것이다. 그래서 딸의 삶은 딸이 알아서 결정하고 그 책임도 스스로 질 수 있도록 허용해야 한다.

물론 이 사실을 부모님이 스스로 깨달으면 좋겠지만, 그렇지 않다면 부모님에게 단호하게 그리고 반복적으로 말해야 한다.

"우리의 일은 우리가 알아서 하겠다. 딸이 행복하기를 원한다면 남편과 잘 지내라고 응원해달라."

이렇게 이야기하는 것이 친정 부모님을 위하는 길이기도 하다. 실제로 남편과 잘 지내는 것이 결국에는 부모님에게 큰 효도를 하는 것이기 때문이다. 부모님이 궁극적으로 원하는 것은 딸이 행복하고 편안하게 지내는 것이기 때문이다.

I님에게도 이 내용들을 전하였다. 그리고 I님은 이렇게 말했다.

"지금까지는 부모님 말을 잘 듣고, 예의도 잘 지키는 착한 딸로만 살아왔던 것 같아요, 그런데 이야기를 듣다 보니 이제는 조금은 미움을 받더라도 당돌한 딸이 되어야 할 것 같아요."

하지만 막상 부모님에게 전화가 오면 I님은 피하고만 있었다. 그래서 I님이 부모님에 대한 두려움과 죄책감을 내려놓을 수 있도록 코칭을 진행하였다. 또한 부모님이 하는 말에 어떻게 대응하고 행동해야 하는지 코칭 해드렸다.

그리고 필자는 한 가지 제안을 했다. 당분간 명절은 각자 지내라는 것이었다. 명절에 남편은 시댁에 가고, I님은 친정에 가는 것이었다. I님도 지금 상황에서는 그렇게 해야 할 것 같다고 동의하였다. 처음에는 부모님이 I님에게 노발대발하며 화를 냈다고 한다.

"내가 이러려고 시집을 보낸 줄 아느냐? 그럴 거면 너는 나하고도 인연을 끊어라."

한동안은 정말로 인연을 끊을 것처럼 친정에서 전화가 오지 않았다. 하지만 I님은 더 이상 흔들리지 않았다. 그리고 시간이 꽤 지난 뒤 명절을 앞두고 친정 부모님에게서 전화가 왔다. 수화기 너머로 들었던 부모님의 첫 마디는 이 말이었다.

"그래, 자식 이기는 부모 없다고 네가 편하면 되었다."

I님에게 '명절에 안 올 생각 말고 너 혼자라도 와라'라고 말을 하였다고 한다.

I님은 남편과 관계를 회복하는데 비로소 집중할 수 있었다. 친정 부모님을 어떻게 대할 것인지 마음정리가 되었기 때문이다. I님과 필자가 관계 회복을 위해 약속을 한 것은 단 하나였다. 바로 남편과의 관계가 예전의 온도를 찾기 전까지는 절대로 친정과 관련된 이야기를 하지 말자는 것이었다.

I님은 필자와 코칭이 진행되기 전까지 매일같이 남편에게 친정 부모님 얘기를 언급했다고 한다. 그렇게 해야 남편이 조금이라도 자신이 잘못한 부분을 깨달을 수 있을 것이라고 생

각했다고 한다. 하지만 남편은 아내와 잘 지내볼 마음이 생기다가도 '친정 이야기'에 다시 아내에게 실망하고 차갑게 대하는 일이 반복적으로 일어났던 것이었다.

그래서 이후로는 절대로 친정과 관련된 이야기는 하지 말고, 부부 사이에 관련된 일에 대해서만 대화하기 시작했다. 그리고 곧 예전처럼 남편과의 편안한 관계를 되찾을 수 있게 되었다. 부부 관계가 예전처럼 회복되고 나서 I님은 남편에게 친정 모임에 같이 가자는 요청을 지속적으로 하기 시작했다. 이제는 남편도 아내의 요청을 마냥 거절할 수 없었기에 친정 모임에 다시 참여하기 시작했다. 그 이후 명절에는 부부가 함께 친정에 방문하게 되었다.

물론 남편이 해서는 안 되는 아주 큰 잘못을 저질렀다면 이혼을 하는 것이 맞을지도 모른다. 하지만 양쪽 모두가 어느 정도 이해가 되는 상황이라면 장기적으로 남편의 편을 들어주는 것이 아내 입장에서는 유리할 것이다. 비록 부모님과의 갈등이 제대로 해결이 되지 않는다고 해도 괜찮다. 앞으로 함께 할 사람은 부모님이 아니라 남편이기 때문이다.

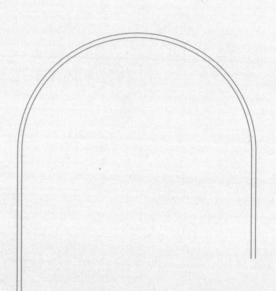

행복한 결혼 생활에서 중요한 것은 서

로 얼마나 잘 맞는가보다 다른 점을

어떻게 극복해 나가냐이다.

— 톨스토이

PART 04

남편을

내 편으로 만드는

남편 조종술

제목만 보고 이런 생각이 들지도 모르겠다.

　"화가 났는데 무작정 참으라는 이야기인가?"

　"화가 나면 화를 내야 하는 거 아냐? 그래야 남편이 잘못했다는 것을 깨닫게 만들지 않을까?"

　"아닌 건 아니라고 확실히 이야기를 해야지. 그냥 넘어가면 호구되는 거 아냐?"

　남편에게 화가 났을 때 우리 마음대로 화를 낸다면 우리가 갑이 될 수 있을까? 아내가 남편에게 화를 내면 남편은 눈치를 보며 한두 번은 자신이 잘못했다고 말할지도 모른다. 하지만 사람의 행동은 쉽게 바뀌지 않는다. 똑같은 일로 여러 번 화를 내면 남편은 "너는 별것도 아닌 것 가지고 화내는 성격 좀 고쳐"라는 식으로 말할 것이다. 결국 이때부터는 화냈던 이유는 온데간데없이 사라지고 감정싸움이 시작될 것이다. 그럴수록 남편은 아내가 화낸 이유에 대해서 절대 이해하려고 하지 않을 것이다. 이처럼 남편이 분명히 잘못한 일이라도 아내가 무작정 화부터 내면 남편에게 끌려다니게 된다.

반대로 생각해 보자. 남편이 예민할 때 트집을 잡으며 화내는 경우가 있었을 것이다. 그때 우리는 남편의 화와 짜증을 있는 그대로 들어주고 우리가 잘못한 것에 대해 고치고 싶은 마음이 생겼던가? 아마도 전혀 그렇지 않을 것이다.

처음 한두 번은 '얼마나 힘들면 저럴까', '그래 괜히 기분도 안 좋을 텐데 괜히 건드렸네'라고 생각할 것이다. 그런데 그런 일이 지속적으로 반복되면 '또 시작이구나'라는 생각이 먼저 들 것이다.

마찬가지로 아내가 화가 났다고 해서 남편에게 화를 쏟아낸다면 어떨까? 속 시원함을 느끼는 것은 한순간이다. 절대 남편이 고분고분 이해해 줄 것이라고 착각하면 안 된다.

화를 퍼붓는 상태가 되면 우리는 상대방에게 해서는 안 되는 말까지도 한다. 그리고 이때 내뱉은 말은 약점이 된다.

'아무리 그래도 너는 나한테 그런 말까지 하면 안 되었어'라는 말로 남편에게 공격당하기 딱 좋다. 결국 남편과의 관계에서 아내가 끌려다닐 수밖에 없는 빌미를 제공하게 된다.

그래서 필자는 일단 화가 났다면 절대로 그 감정 상태에서는 남편과 상호작용을 하지 않는 것이 좋겠다고 말한다. 화가 났다면 남편과 떨어져서 감정을 추스르고 곰곰이 생각해 보길 바란다.

'내가 화를 내면서까지 남편에게서 얻고 싶은 것은 무엇인가?'

그리고 아내가 원하는 것을 얻기 위해서 남편을 어떻게 설득할 것인지를 계획하는 것이 좋다. 남편에게 화가 났다면 세 가지만 기억하자.

첫째, 남편이 아내의 이야기를 들을 준비가 되어 있는지를 확인하는 것이 중요하다. 아내가 화가 났다면 남편도 그걸 알았을 것이다. 남편이 아내의 화난 모습을 봤다면 그 즉시 두 가지 중 한 가지 모드로 변하게 된다. 그중 하나는 바로 '투쟁 모드'이다. 이때의 남편은 아내가 화난 상태에서 이런 생각을 한다.

'어떻게 해야 아내 말을 틀리게 만들까?'

'어떻게 해야 약점과 꼬투리를 잡을까?'

'말로 안 될 것 같은데 나도 화내고 소리 질러 버려?'

남편은 아내의 말을 이해하는데 에너지를 전혀 쓰지 않고 아내의 말이 틀렸다는 것을 어떻게든 증명하기 위해서 애를 쓰고 투쟁한다. 그 반대로는 방어 모드가 있다. 아내가 말을 하려고만 하면 대화를 무조건 피한다.

"지금 말하고 싶지 않다."

"나중에 이야기하자."

어떤 남편은 돌부처가 된다. 아예 아무런 대답도 없이 침묵을 하는 것이다. 이 두 가지 상태에서는 아내가 아무리 남편을 설득을 하려고 해도 통하지 않는다. 이때는 남편을 설득할 적절한 시기가 아니라고 판단을 해야 한다. 남편이 아내와의 전쟁을 준비하려는 태도이거나 방어하려는 태도가 보인다면 대화를 하지 말아야 한다. 그런 후 평소와 같이 편한 상황이 되었을 때 이야기를 시작하는 것이 좋다. 이때는 남편의 무장도 해제된 상태이며, 아내의 주장을 드디어 이해할 수 있게 된 상황이라고 할 수 있다.

둘째, 아내가 남편에게 이야기할 때 말하는 태도를 신경 쓰고 주의한다. 아무래도 아내가 민감하게 생각했던 주제이기 때문에 대화 도중에 다시 화가 날 수 있다. 이때 아내 스스로 몸의 신호를 잘 알아차리는 것이 필요하다.

대표적인 예로 목소리가 커지거나 말이 빨라지고, 남편의 반응이 답답하면 강요를 하고 명령을 하는 듯한 말투를 쓸 수 있다. 당연히 아내가 이런 반응을 보이기 시작한다면 어떤 상황이 펼쳐질까? 아마도 남편은 다시 공격 모드나 방어 모드로 들어가게 될 것이다. 혹시 이미 그런 상황이라면 설득하는 것은 그 즉시 중단하는 것 좋다. 앞에서 언급했듯이 아내의 설득 자체가 통하지 않을 것이기 때문이다.

셋째, '왜'에 대해서 물어보지 말고, '앞으로 어떻게'에 대해서만 물어본다. 화가 났다면 도대체 남편이 왜 그런 행동을 했는지 아내는 정말로 궁금할 것이다. 남편의 행동이 아내의 머리에서 이해가 되어야 납득이 되고 마음이 편안해질 것이기 때문이다.

예를 들어 "아니, 도대체 왜 나한테 거짓말을 하는 거야?"

와 같이 우리는 쉽게 이야기를 한다. 하지만 이러한 소통은 남편을 설득할 수 있는 방법이 전혀 아니다. 오히려 남편에게 변명할 수 있는 기회를 제공하는 것이다.

"네가 싫어하니까 나는 싸움을 피하려고 그랬지."

"네가 그렇게 심각하게 받아들일 줄 몰랐어."

"에이, 그거 장난인데 뭘 그런 걸 가지고 그래?"

아내가 원하는 대답도, 납득이 가는 대답도 아니기 때문에 아내는 또 다시 뒷목을 잡을 것이다. 남편의 말에 아내도 화가 나서 맞받아친다.

"도대체 이게 몇 번째냐, 저번에는 네가 나한테 이렇게 했지 않느냐"라고 하면서 과거에 있었던 일을 끄집어낸다. 이 순간이 바로 큰 싸움으로 번지는 찰나이다. 이런 방식으로 남편을 대하는 것은 아내에게 득이 되는 것이 없다. 간단하게 앞으로 어떻게 할 것인지만 물어보면 된다.

"나는 당신이 어제 거짓말을 했을 때 기분이 매우 나빴어. 이건 어느 정도 당신도 동의를 할 것 같아. 앞으로는 어떻게 할 거야?"

그리고 아내는 여유롭게 남편의 대답을 기다리기만 하면 된다. 물론 착각하면 안 되는 것이 있다. 남편이 앞으로 어떻게 하겠다고 해서 그것이 반드시 지켜질 것이라는 기대를 하면 안 된다. 사람의 습관은 한순간에 바뀌지 않는다. 때로는 시간이 걸릴 수밖에 없다는 것을 인정하고 기다리는 것도 필요하다. 이것은 남편의 잘못이 아니라 인간의 본성이기 때문이다.

분명한 것은 아내가 남편과 불편한 관계를 원하지 않는 만큼 남편도 아내와의 관계가 불편해지는 것은 원하지 않는다는 것이다. 분명 '저걸 내가 할 수 있을까?', '이렇게 대응하면 부처가 되겠다'라는 생각이 들 수도 있다. 하지만 한 가지 확실한 것은 이성적으로 남편을 설득하는 것이 남편에게 감정적으로 화를 내는 것보다 설득이 쉽다는 것이다. 최소 세 배 이상은 차이가 난다. 그리고 아내가 남편에게 감정적으로 대응해서 약점을 잡힐 일도 없다. 무엇보다도 중요한 것은 우리가 감정적으로 화를 내면서 우리 스스로 에너지를 소진할 필요가 없다는 것이다.

남편에게 화가 났을 때의
현명한 대처법

———— | 대처 포인트 ① | ————

❶ 화가 났다면 자신의 감정부터 추스르고 남편에게 원
하는 것이 무엇인지 정리해 보자.

❷ 남편이 우리의 말을 들을 준비가 될 때까지 기다리자.

❸ 말할 때 우리의 태도와 말투를 점검해서 남편에게 빌
미를 주지 말자.

❹ '왜'에 대해서 물어보지 말고 '앞으로 어떻게'에 대해
서만 물어보자.

"그것 하나 제대로 못하면 어떻게 하냐?"

"그럴 거면 너도 나가서 일해라."

집안 정리 조금 못한다고, 아이에게 조금 큰소리 쳤다고 사사건건 화내고 짜증을 부리는 남편이 있다. 그런 남편의 심리와 그런 남편이 다시는 아내에게 짜증내거나 화내지 않게 만드는 방법을 알아보자.

아마도 이런 남편을 둔 아내라면 '왜 이렇게 남자가 속이 좁지?', '이렇게 예민해서 같이 살겠나' 싶은 생각이 하루에도 몇 번씩 든다. 또한 시도 때도 없이 화와 예민함을 분출하는 남편에게,

"왜 이렇게 신경질이야?"

"말도 안 되는 소리 좀 그만해. 내가 잘못한 게 뭐가 있어?"

라고 반응하게 된다. 아내가 이렇게 반응하는 순간 폭언과 고성이 오고가는 싸움으로 번지게 된다. 그리고 이런 상황이

반복되는 것을 싫어할 수도 있다. '내가 참으면 아무 일도 일어나지 않아'라고 하면서 괴로운 감정은 숨기고 남편의 성질을 건드리지 않기 위해 노력한다. 결국 남편과의 대화가 점점 고통스럽고 두려워지며 부부 간의 소통은 없어지고 아내는 남편을 피할 수밖에 없게 된다.

이런 남편은 아내뿐만 아니라 매사 모든 일에 항상 부정적이고 예민하게 반응할 가능성이 높다.

어쩌면 남편의 가까운 인간관계에서 '고집불통', '예민보스'라는 이야기들을 자주 듣기 때문에 피해의식이 있거나 자존감이 낮은 경우도 많다. 그래서 자신의 스트레스를 아내에게 풀면서 자기 자존감을 지키려 하는 것이다.

신경질적이고 화를 잘 내는 사람들은 항상 흥분 상태처럼 보이기도 한다. 스트레스가 많아서 내면에 화가 가득 차 있다. 그래서 누군가 툭 건드리기만 해도 화를 내는 것이다. 그리고 보통 시부모님 중에 한 분을 똑같이 빼닮았다는 것을 시간이 지나면서 알게 된다.

간단히 정리하자면, 그냥 자기 분을 이기지 못해서 화를

내는 것이다. 그리고 그렇게 된 이유는 부모님에게서 유전적
으로 물려받았거나, 부모님을 보고 배운 것이다. 남편이 왜 화
를 내는지는 딱 여기까지만 정리하자. 더 복잡하게 생각할 필
요가 없다. 우리는 신경질적인 사람들을 탐구하는 과학자나
심리학자가 아니기 때문이다. 우리가 더 중요하게 생각해야
할 것은 대처법이다.

이때 아내는 두 가지 중에 한 가지 패턴에 빠졌을 것이다.
첫째 패턴은 똑같이 화를 내고 같이 싸우는 것이다. 다른 하나
는 남편이 그런 모습을 보일 때 '미안하다, 내가 잘할게', '알았
어'라며 남편 말에 동의하는 척하며 회피하는 것이다. 첫째 패
턴대로 아내가 남편의 화를 맞받아치면 남편은 물 만난 물고
기가 된다. 자신이 화를 내고 싶었는데 아내가 그 환경을 조성
해 주는 꼴이 되어 버린다. 원래 다투던 주제를 벗어나서 승자
없는 싸움만 지속된다.

둘째 패턴도 문제가 있다. 당장은 남편이 화를 덜 내게 만
들 수는 있다. 하지만 아내는 남편에게 '나에게는 함부로 해도
된다'라는 신호를 주게 된다. 이런 일이 반복될수록 남편은 아

내에게 화를 내는 것을 당연하게 느끼게 만든다.

　아내 입장에서는 억울하고 답답함이 계속 쌓일 수밖에 없다. 아내도 인간이라 참는데도 한계가 있다. 화를 꾹꾹 눌러 담으면 아내도 폭발해 버린다. 그러면서 다시 첫째 패턴을 반복하게 되는 것이다. 만약 화낼 힘조차 없다면 아내는 우울해지고 무기력해진다.

　이제부터는 남편의 행동에 단호한 대처를 할 것이라고 마음을 먹어야 한다. 남편의 강압적 태도와 신경질, 화에 지속적으로 이끌려 왔다면 이런 걱정부터 하게 될 것이다.

　'저 사람이 나를 때리면 어쩌지?'

　'이혼하고 이 집에서 당장 나가라고 하면 어떻게 하지?'

　'아이들한테 화풀이를 하면 어떻게 하지?'

　이런 걱정과 두려움부터 떨쳐내겠다고 다짐해야 한다. 지금까지는 겁부터 먹고 남편이 화가 나지 않았는지 눈치를 보면서 노심초사했다고 한다면, 이제부터는 남편이 아내에게 화내는 것을 두려워하지 않아야 한다. 그리고 남편의 화에 당당한 태도를 보여야 한다. 그리고 당당한 태도를 일관적이고 지속적으로 보여 주어야 한다.

　또 어떤 경우는 남편이 자주 신경질적이고 폭력적인 모습을 보인 것이 아내에게서 비롯되었다고 생각하는 경우가 있다.

　'나는 왜 남편이 자주 말한 건데 잊어버릴까?'

　'남편 말만 잘 들었으면 되는 건데, 왜 나는 못한 걸까?'

　'왜 나는 남편 말처럼 행동할 수 없는 걸까?'

　물론 이러한 생각들이 사실일 수도 있다. 하지만 정작 아내가 실수를 했다고 해서, 남편보다 행동이 느리거나 이해력이 부족하다고 해서 남편의 감정 쓰레기통이 되어야 할 이유는 전혀 없다. 우리가 어떤 사람이든지 누구나 다 평등한 인권을 보장받으며 살아갈 권리가 있지 않은가?

　이러한 사실을 아내는 당연히 머리로 알고 있다. 하지만 남편의 비난을 자주 듣다 보면 자신도 모르게 생각이 바뀔 수도 있다. 인간은 상대방의 이야기를 반복해서 듣다 보면 상대방의 말을 있는 그대로 믿어 버리는 경향이 있다. 쉽게 말해 세뇌가 되어 버리는 것이다. 사실 남편의 비난은 일방적인 남편의 주장일 뿐이다. 그런데 반복하다 보면 그 주장이 마치 사실이고 진리인양 믿어 버리는 경우가 있다.

그러니 혹시라도 남편이 화내는 것을 자기 탓으로 돌리고 있다면 이제는 이 모든 생각들을 멈추어야 한다. 남편이 화를 낸다면 '나는 지금 폭력을 당하고 있구나', '남편의 말에 어떻게 단호하게 대응해야 할까?'라는 생각을 먼저 할 수 있어야 한다.

그리고 실제 행동으로 옮겨야 한다. 상황에 따라서 대처법을 딱 한 가지 방법으로 정리할 수는 없을 것이다. 하지만 가장 중요한 것은 일단 남편이 짜증을 내고 화가 났다는 사실을 스스로 인지할 수 있게 만드는 것이다. 남편이 먼저 언성을 높였음에도 "내가 언제 화냈어?"라고 했던 경우가 있었을 것이다. 남편 스스로는 자신이 화를 습관적으로 내고 있는지도 모르고 있을 수 있다. 다시 말하면 자신의 화가 서로의 관계를 망치고 있다는 사실을 전혀 모르고 있다는 것이다. 그러니 남편이 화를 낼 때마다,

"무엇 때문에 화가 났는지 목소리를 낮춰서 이야기해 주겠어?"

이런 식의 말들로 '너는 지금 화가 났다', '너 지금 정상이 아니다', '너 후회할 짓 하지 마라'라는 느낌을 주는 것이 중요하다.

남편이 화를 낼 때마다 단호한 태도를 보여 주어야 한다. 그래야 남편의 폭력적인 행위들이 더 이상 아내에게 통하지 않는다는 것을 알려줄 수 있다. 만약 이렇게까지 말을 하는데도 남편이 감정조절을 하지 않고 공격적인 모습을 보인다면 "지금 이야기할 상황이 아닌 것 같아", "당신 지금 화가 났으니 나중에 이야기하자"라고 한 뒤 남편과 대화를 차단해 버리는 것도 방법이 될 수 있다.

다시 말하지만 마음을 굳게 먹고 각오를 단단히 가져야 한다. 남편이 폭력을 쓴다면 경찰을 부르겠다는 각오는 해야 한다. 그리고 이런 일들이 일어날 때마다 피하지 말고 단호하게 대응해야 한다. 분명 시간은 걸리고 시행착오도 있을 것이다. 하지만 아내가 단호하게 대응할수록 남편은 자신이 화를 내는 것으로 아내를 제압할 수 없다고 여기게 되면서 신경질적인 행동을 줄여 나갈 것이다.

신경질적이고 화내는
남편 다루는 방법

───────── | 대처 포인트 ② | ─────────

❶ 남편이 화를 낼까 봐 두려워하는 것부터 극복하기로
마음을 단단히 먹자.

❷ 남편의 비난을 그대로 받아들이거나 자신의 잘못이
라고 생각하지 말자. 남편의 비난은 사실이 아니라
일방적인 의견일 뿐이다.

❸ 남편이 지금 흥분해서 화내고 있다는 것을 인지시키
고 더 흥분을 한다면 대화를 차단하자.

집안일과 육아를 귀찮아하는 남편의 표정이 꼴도 보기 싫을 것이다. 그리고 아내의 요청을 매번 거절하는 남편 때문에 열불이 날 것이다. 하지만 이 글의 내용을 완벽히 이해한다면 이런 남편을 어떻게 다뤄야 하는지 이해할 수 있을 것이다. 그리고 인내심을 가지고 꾸준히 노력한다면 남편이 조금씩 자발적으로 집안일을 시작할 것이다.

대부분의 남편은 집안일에 시큰둥하다. "조금 이따 할게"라고 해놓고 설거지가 아침까지 되어 있지 않았을 것이다. 또 아이 좀 봐달라고 하면 아이는 혼자 놀고 있고 자신은 스마트폰 게임만 하고 있을 것이다.

아내 입장에서는 집안일과 육아를 일일이 남편에게 시켜야 하는 것 자체가 억울할 것이다. 맞벌이를 하고 있다면 자연스럽게 분담하는 것이 당연할 것이다. 그리고 남편이 혼자 돈을 벌더라도 육아만큼은 부모이기에 당연히 같이 해야 하는 것이 맞을 것이다. '그런데 왜 내가 일일이 다 설명하고 시켜야 하는가?'라는 생각이 들면서 답답하고 억울할 수 있다.

하지만 현실을 인정해야 한다. 안타깝게도 많은 남자들은 가부장적인 아버지의 모습을 보면서 성장했다. 요즘은 시대가 바뀌어서 남자들도 자신이 같이 동참해야 한다는 것 정도는 알고 있을 것이다. 하지만 자신의 아버지를 보면서 보고 배운 습관은 오랫동안 몸에 배어 버렸다. 쉽게 바뀌기가 어렵다.

여기서 포인트는 아내가 이런 남편의 사고를 뜯어 고치려고 노력할수록 싸움만 된다는 것이다. 오히려 서로의 관계만 안 좋아지고 남편은 기분이 나빠서 일부러 집안일이나 육아를 더 안 하려고 할 수도 있다.

이런 남편의 반응이 너무 괘씸해서 '너 죽고 나죽자'라는 형태로 대응했을 수도 있다. "네가 그러면 나도 아이 안 보겠다", "집안일도 안 하고 청소도 안 하겠다"라고 엄포를 놓았을 수도 있다.

하지만 아내가 이렇게 말은 해놓고 정작 실행으로 옮기기는 어려웠을 것이다. 왜냐하면 부부싸움에 아이가 희생양이 되는 것 같고, 집안 꼴이 더러워지면 아내가 못 견디기 때문이다. 남편은 아내의 협박이 말뿐이라는 것을 알고 눈 하나 깜짝 안 했을 것이다.

그렇다면 아내는 남편의 잘못된 생각을 바꾸려는 것을 내려놓을 필요가 있다. 그것보다는 남편이 아내의 요구에 잘 따라 줄 수 있는 환경을 만드는 것이 중요하다. 어떻게 하면 될까?

방법은 간단하다. 남편이 아내와 좀 더 잘 지내고 싶게 만들면 된다. 아내의 여성으로서의 가치를 높이면 모든 것이 자연스럽게 일어나게 된다.

여성으로서의 가치를 높일 수 있는 간단한 방법을 소개하기 전에 아내가 남편에게 집안일이나 육아를 어떻게 요구하고 있는지부터 확인해 볼 필요가 있다.

우리는 남편에게 집안일이나 육아를 요구할 때 어떻게 이야기를 하는가?

"애들 씻겨야 하니까 설거지 좀 해."

"애 울잖아. 기저귀 좀 확인해 봐."

대부분은 비슷하게 이야기할 것이다. 우리가 이 이야기를 남편에게서 듣는다면 어떤 느낌일까? 어쩌면 전혀 문제될 것이 없다고 생각할 수 있다. 부부 사이에 당연한 이야기를 했다고 생각할 수 있다.

물론 이런 말투를 아내가 사용했다고 해서 큰 죄를 지은 것은 아니다. 아내도 인간이다 보니 답답하면 그렇게 말을 할 수도 있을 것이다. 하지만 아내가 이런 말들을 자주 사용할수록 남편이 아내의 요청에 응하게 될 확률은 계속 줄어든다. 왜냐하면 남편은 더 이상 아내이자 여성으로 인식하지 않게 되기 때문이다.

남편은 아내를 그저 '기피해야 할 대상'으로만 생각하게 된다. 그리고 집안일에 대한 관점도 '하고도 욕먹는 일', '귀찮은 일' 정도로 자리 잡게 될 것이다.

우리가 남자들이 가지고 있는 단순한 특성에 대해서 조금만 이해할 수 있다면 여성으로서의 가치를 엄청나게 높일 수 있다. 남자 아이들한테 적용해 봐도 큰 효과를 볼 수 있다.

남자의 심리는 여자와 많이 다르다. 남자와 여자는 생물학적으로 여러 가지가 다르다. 그중 호르몬에 대한 이야기를 간단히 해 보겠다. 여자와 남자에게서 가장 큰 차이는 남성 호르몬의 수치이다. 테스토스테론이라고 불리는 이 남성 호르몬은 인간이 권력욕, 정복욕을 가지게 한다. 남자들은 보통 여성에 비해 이 테스토스테론의 수치가 높다. 반대로 여자는 이 호르몬의 수치가 남자보다는 낮다.

그래서 남자들은 대부분의 관계에서 서열과 권력을 매우 중요하게 생각한다. 승진에 목숨을 거는 이유가 바로 이것 때문이다. 그래서 사실 친구들과 지인 관계에서도 수직적인 관계가 존재할 때가 많다. 자신보다 어리거나 사회적인 지위가 낮은 사람들을 만났을 때는 술을 많이 마시면서 자기 자랑을 열심히 하고 만족스러운 표정으로 집에 온다.

그런데 자신보다 나이가 많거나 사회적인 지위가 높은 사람들과 만났을 때는 그들의 농담에 맞춰 주고 그들의 장단을 띄워 주다가 집에 온다. 그리고 집에 와서는 "나이 먹은 꼰대들이 자기가 잘난 줄 안다"라고 비하를 한다. 자기보다 권력이 높고, 서열이 높은 사람들을 인정하고 싶지 않은 것이다.

자존심이 인정을 허락하지 않는 것이다.

그런데 여자들의 관계는 조금 다르다. 여자들끼리 만나면 나이가 조금 다르더라도 여러 가지 주제에 대해 자유롭게 대화를 한다. 서로 배려하고 챙겨주면, 배려를 받은 그들도 배려하고 챙겨주는 관계가 이어진다. 여자는 남자에 비해서 서열을 중요하다고 생각하지 않는다.

다시 가정으로 돌아와서 상황을 파악해 보자. 가정 안에서의 남편은 무의식적으로 서열을 생각한다. 적어도 자신이 '갑'이 되면 '갑'이 되었지, '을'로 대우받고 싶지는 않은 것이다. 그런데 아내가 "설거지 좀 해", "기저귀 좀 갈아"라고 말하게 되는 순간 아내가 자신에게 명령을 한다고 생각하게 된다. 마치 아내가 직장 상사이고 자신이 부하직원이 된 것 같은 기분을 느끼는 것이다. '내가 집에서까지 직원처럼 있어야 해?'라고 생각하며 반발한다. 남편은 아내가 시키는 대로 하면 정말로 자신이 부하직원이라는 것을 인정하는 것처럼 느낀다. 그래서 자존심이 상하는 것이다.

물론 남편의 행동은 절대로 복잡한 사고 속에서 이루어지는 것은 아니다. 단지 남성이라는 동물의 특성상 호르몬의 영향을 받는 것뿐이다.

그래서 남편이 집안일을 나서서 해야겠다는 내적 동기가 사라지는 것이다. 남편은 아내를 아내로 보는 것이 아니라 '직장 상사'로 보기 때문이다. 남편은 이제 아내를 여성으로는 낮은 가치를 가지고 있다고 평가하게 된다. 예전에 사이가 좋았던 시절처럼 아내를 바라보지 않게 되는 것이다.

아내가 여성으로서 가치를 올릴 수 있는 방법은 생각보다 간단하다. 남자들은 정말 단순하다. 남편 본인이 한 행동이 충분히 가치 있다는 것만 느끼게 해 주면 된다. 즉 아내의 요청에 응했을 때 적절한 보상만 잘해 주면 된다.

이제 우리가 여성으로서 가치를 높일 수 있는 간단한 방법을 소개하겠다.

"○○해!", 라고 이야기하기보다는 "○○ 해 줄 수 있어?"라고 이야기하는 것이다. "기저귀 갈아줄 수 있어?", "설거지 해줄 수 있어?"라고 말이다. 별것 아닌 것 같지만 여성으로서 가치를 높이는 데는 충분히 성공할 수 있을 것이다.

남편에게도 명령하는 느낌을 주지 않게 된다. 그리고 '너 정도라면 충분히 할 수 있는 일'이라는 것을 암시할 수 있다. 우리는 남편이 가지고 있는 능력에 대해서 증명해 보라고 이야기하는 것이다.

그리고 남편이 그 능력을 스스로 증명한다면 적절히 보상해 주기만 하면 된다. 아내의 요청을 들어줬을 때 아내는 적절히 감탄을 해 주기만 하면 된다. 어렵다면 "고마워"만 말하자. 우리가 이렇게 지속하기만 하면 남편 마음에 변화가 하나씩 쌓일 것이다. 아내가 요청하는 일에 응하면 본인이 인정받을 수 있다고 느낀다. 점점 집안일과 육아를 긍정적으로 받아들이게 된다.

물론 아내가 말투를 바꾼다고 남편이 갑자기 "그래? 알겠어. 내가 해볼게"라고 적극적인 태도를 취하지는 않을 것이다. 남편이 아내를 바라보는 관점이 바뀔 때까지는 시간이 분명히 필요하다.

"이렇게까지 아내가 애원하면서 말해야 해요?"라고 할 수도 있다. 또 "종일 애들 보는데 그렇게까지 마음의 여유가 없어요"라고도 할 수 있다.

하지만 분명한 것은 이 방법을 꾸준히 실천하다 보면 분명히 남편의 태도가 달라져 있는 것을 발견할 것이다. 그리고 아내를 '직장 상사라서 피해야 하는 사람'이 아니라 '높은 가치의 여성'으로 인식할 것이다. 또한 남자의 심리와 마음을 잘 이해하는 현명한 사람으로 보일 것이다. 남편 때문에 시도해 본다고 생각하지 않으면 좋을 것 같다. 아내 스스로 지금보다 더 가치 있고 품격 있는 여성이 되도록 도전해 보기를 추천한다.

남편이 스스로
집안일 하게 만드는 방법

——— | 대처 포인트 ③ | ———

❶ 남편이 집안일을 배우려면 시간이 걸린다는 것을 인
정하자.

❷ 남편에게 "○○ 해 줄 수 있어?"라는 표현을 자주 사
용하자.

❸ 남편이 아내의 요청을 들어줄 때 감탄해 주자.

남편하고 말싸움을 하면 찜찜하게 끝나거나 말을 하면 할
수록 오히려 남편에게 말리는 느낌이 들 때가 있다. 남편과의
말싸움에서 바보가 되지 않고 당당하게 이기는 방법을 소개
하고자 한다. 지금 소개하는 방법만 잘 쓸 수 있더라도 남편에
게 말싸움으로 밀리는 일은 없을 것이다.

　먼저 말싸움을 하면 남편에게 밀리는 이유에 대해서 알아
야 한다. 당연한 이야기지만 말싸움이 있다는 것은 남편과 아
내의 주장이 다르다는 것을 의미한다. 보통 말싸움이 전개되
는 패턴은 다음과 같다.

　남편이 A라는 주장을 한다. 그러면 아내는 B라는 주장을
하면서 '남편의 주장이 틀렸다'고 한다. 그리고 B주장에 대한
논리적인 근거를 계속 나열하며 반박한다. 많이들 하는 오해
중의 하나가 있다. 바로 자신의 주장이 옳다는 것을 상대방에
게 정확하게 이해시키면 말싸움에서 이길 수 있다고 생각하

는 것이다.

그런데 현실은 전혀 그렇지 않다. 아내가 자신의 주장을 더 강하게 말할수록 남편은 자신의 주장을 더 견고하게 만들 근거들을 찾는다. 결과적으로는 아내가 상대방의 의견에 반박하면서 남편의 주장이 더 그럴듯하게 보이도록 도와주는 꼴이 되어 버리는 것이다.

남편과 계속 말싸움을 진행하다가 아내가 더 이상 할 말이 없어지면 남편은 "그것 봐, 할 말이 없지? 내 말이 맞지?", "좀 생각이라는 것을 하고 살아"라는 말을 한다. 이때 아내는 왠지 말싸움에서 졌다는 생각이 들면서 기분이 매우 나빠진다.

사실 부부 사이에 발생하는 문제들의 대부분은 옳고 그름을 확실하게 따질 수 없는 경우가 많다. 그리고 옳고 그름을 따질 정도로 심각한 문제가 아닐 수도 있다. 변기에 소변을 볼 때 앉아서 볼 것인지 서서 볼 것인지, 식사를 하고 나서 설거지를 바로 할 것인지 쌓아놨다가 나중에 할 것인지, 시부모님에게 용돈을 10만원을 보낼지 20만원을 보낼지에 대한 것들이다. 옳고 그름의 문제라기보다는 서로의 생각과 가치관이 다른 것을 조율해가는 과정이라고 볼 수 있다.

그런데 아내가 누가 옳고 그르냐를 따지는 말싸움을 하면 결국 이기는 사람은 없다. 끝까지 자신의 말이 맞다고 잡아떼는 사람 두 명만 남을 뿐이다. 그리고 말싸움이 끝났음에도 무언가 남은 것처럼 찝찝하고 할 말을 제대로 하지 못한 것 같은 느낌마저 든다.

아내가 말싸움에서 이기는 방법은 의외로 간단하다. 방금 전에 말한 것처럼 누가 맞고 틀렸는지를 따지는 것 자체가 잘못되었다고 말하는 방식이다.

예를 들어 일반적인 말싸움이라면 이런 패턴으로 전개가 될 것이다.

남편이 "내가 여자도 아니고 매번 변기에 앉아서 소변을 봐야 해?"라고 하면 아내는 "소변이 주변에 튀어 냄새가 난다"고 답한다.

그러면 남편은 "이건 남자의 자존심이다. 내가 화장실 청소는 더 많이 하지 않느냐? 무슨 냄새가 난다고 그러냐? 네가 예민한 것이 아니냐?"며 말도 안 되는 주장을 할 것이다.

그런데 이때 아내가 다음과 같이 이야기하면 말싸움은 종결될 가능성이 크다.

"볼일을 앉아서 보든 서서 보든 맞다 틀리다를 가리자는 것이 아니다. 그냥 당신이 나와 아이들을 위해서 앉아서 봐줬으면 한다는 이야기를 한 것뿐이다."

이렇게 이야기한다면 남편 또한 더 이상 할 말을 잃을 수밖에 없다.

남편이 소변을 어떻게 보든 간에 아내는 남편과의 말싸움에서 지지 않을 것이다. 오히려 아내는 할 말을 충분히 할 수 있어서 후련할 것이다. 그리고 아내의 주장이 남편에게는 훨씬 더 설득력 있게 느껴지게 된다.

이렇게 말하는 방식의 작동 원리는 다음과 같다.

남편은 '나는 서서 볼일을 보는 게 맞다'고 생각한다. 그리고 아내에게는 자신의 주장이 옳다고 이야기하려고 한다. 하지만 아내가 남편의 주장을 정면으로 반박하지 않는다. 아내는 '옳고 그름을 따질 필요가 없다'는 반박하기 힘든 논리를 제시한다. 남편이 '내 말이 맞다'라고 주장하려고 했지만 그것에 응하지 않으니 남편도 할 말이 없어진다. 오히려 아내가 한 주장만 남편의 뇌리에 더 잘 남게 된다.

이 방법으로 아내는 남편과의 말싸움에서 더 이상 졌다는 느낌을 받지 않을 것이다. 그리고 아내가 하고 싶은 말은 끝까지 할 수 있을 것이다. 지금까지는 누가 맞고 틀렸는지에 대해서 긴 논쟁을 했을 것이다. 그 무수한 시간들을 낭비하고 있었을 것이다. 그러나 앞으로는 그런 시간들을 줄일 수 있을 것이다.

남편과 의견 충돌이 많이 일어난다면 이 방법을 꼭 사용해 보면 좋겠다. 아마 처음에는 어색할 수 있겠지만, 이런 스킬들이 하나둘 쌓이면 아내는 남편과의 관계에서 '갑'이 될 수 있다.

말싸움을
무조건 이길 수 있는 방법

──────── | 대처 포인트 ④ | ────────

❶ 남편과 의견이 다른 문제라면 남편의 논리를 정면으로 반박하지 말자.

❷ 옳고 그름을 따질 문제가 아니라는 이야기를 하면서 아내의 주장을 다시 이야기하자.

아내는 오랫동안 남편을 관찰해왔기 때문에 남편의 말이 거짓말인지 아닌지 정도는 느낌으로도 알 수 있다. 그런데 속아 주며 지내자니 바보처럼 보일까 봐 싫고, "왜 거짓말을 하느냐"고 따지면 남편은 적반하장으로 화를 내거나 입을 닫아 버리기도 한다. 그렇다면 거짓말을 하는 남편을 어떻게 다뤄야 할지 알아보자.

　아마도 가장 빈번하고 아내를 가장 화나게 만드는 거짓말은 '외도'에 대한 거짓말이다. 이미 남편이 무슨 짓을 하고 있는지 아내가 뻔히 알고 있는데도, 남편은 "그냥 회사 동료라서 몇 번 만난 것이다", "내가 왜 걔를 만나느냐?"라고 하면서 자신과는 무관하다는 메서드 연기를 한다. 그뿐만 아니라 아내 몰래 대출을 받아 주식이나 게임을 하기도 하고, 술을 마시고 유흥을 즐기고서는 회사에서 일을 했다는 거짓말을 하기도 한다.

남편의 뻔한 거짓말을 듣다 보면 화가 안 날 수가 없다. 부부는 서로 믿고 의지하는 데에서 힘을 얻고 그러면서 결혼 생활을 유지하지 않는가? 그런데 남편의 거짓말을 듣다 보면 어디까지 믿어야 하는지 흔들릴 수밖에 없다. 애당초 거짓말을 하는 사람들은 어떤 심리에서 거짓말을 하는 걸까?

과학자들의 실험에 따르면 생후 6개월이 되면 아기는 거짓말을 시작한다고 한다. 바로 부모에게 관심을 끌기 위해서 말이다. 그래서 거짓으로 울음을 터뜨리기도 한다. 어린 아이도 자신이 웃을 때 부모가 좋아한다는 것을 알고 있다고 한다.

그래서 실제로는 아이 스스로 별로 기쁘지 않아도 미소를 보일 때가 있다고 한다. '아이들은 순수하다'라는 말도 어떻게 보면 틀린 말일 수도 있겠다는 생각이 든다.

그래서 심리학에서는 거짓말이 생존에 필요한 중요한 전략이라고 한다.

'그래서 남편이 거짓말을 하는데 가만히 두라는 이야기인가?'

라는 생각이 들지도 모르겠다. 하지만 필자는 여기에서 남편들의 잘못이 없다고 말하는 것이 아니다. 단지 거짓말을 하는 사람들이 어떤 심리인지를 밝히고자 하는 것이다.

그런데 남편이 아내에게 거짓 없이 솔직하게 말한다면 아내는 마냥 편안할 수 있을까?

예전 로마 시대의 귀족은 노예 앞에서 아무렇지 않게 옷을 벗고 나체로 다니면서도 전혀 부끄럽지 않았다고 한다. 왜냐하면 그때는 귀족에게 노예는 사람으로 보이지 않았기 때문이다. 귀족들은 노예를 자신들이 키우는 동물이나 필요한 물건 정도로 생각했다고 한다. 사람이 아니기에 몸을 옷으로 가리지 않고 있는 그대로를 보여 주더라도 귀족들은 부끄러움을 느끼지 못했던 것이다. 노예에게는 거짓 없이 솔직한 자신의 모습을 보여도 큰 문제가 없었던 것이다.

남편이 아내에게 거짓말을 하지 않고 모두 다 솔직하게 말한다는 것이 어떤 의미인지 이해가 될 것이다. 예를 들어 남편이 퇴근하면서 아내에게,

"나 오늘 다른 여자랑 모텔에서 자고 갈게."

온전히 제정신인 남편이 이렇게 말한다면 무슨 의미일까?

아내를 아내로 인정하지 않는다는 말일 것이다. 결혼 생활이 어떻게 되든 남편에게는 크게 상관이 없다는 것이다.

아내에게 남편이 거짓말을 한다는 것은 아내를 속이는 것은 맞다. 그리고 아내를 교묘하게 조종하려는 것도 맞다. 하지만 거짓말을 하는 이유가 아내와의 관계를 깨고 싶지 않아서 일수도 있다. 때에 따라 아내에게 잘 보이고 싶은 숨은 의도 때문일 수도 있다.

아내 몰래 주식을 하는 이유가 아내에게 간섭받거나 그것을 빌미로 싸움이 일어나서 관계가 나빠지는 것을 원치 않을 수 있다. 친구들과 술을 마셨지만 일 때문에 늦었다는 거짓말로 아내를 안심시키려는 것일 수 있다.

물론 반대로 자신의 잘못을 숨겨 손해를 보지 않고 이혼하려는 것일 수도 있다.

그런데 아내는 대부분 남편이 어떤 의도로 거짓말을 했는지 앞뒤 따지지 않고 추궁을 한다.

"내가 거짓말 하는지 모를 것 같아?"

"나 이것도 알고 저것도 알고 나는 다 알고 있다. 발뺌하지 마라."

또는 직접적으로 이야기를 꺼내지는 않지만 기분 나쁜 표정을 짓거나 남편과의 대화 자체를 피하면서 '나는 다 알고 있다'는 느낌을 전달하기도 한다. 그렇게라도 해야 남편이 자신의 잘못을 조금이라도 느낄 수 있다고 생각하기 때문이다. 어쩌면 남편이 정말로 잘못했다며 사과하기를 기대하는 것일 수도 있다.

하지만 현실적으로 보면 이 방법들이 그렇게 효과적이지는 않다. 거짓말은 앞서 말한 대로 생존 전략이다. 남편의 무의식에서는 죽느냐 사느냐의 문제이며 자신의 잘못을 인정하지 않아야 스스로가 온전할 수 있다고 느낀다.

그래서 아내가 '거짓말은 잘못된 것이다'라는 것을 지속적으로 주장할수록 남편은 자신을 방어하기 위해서 더 엇나갈 가능성이 크다. 오히려 더 교묘하게 아내를 속이려고 연구할 수도 있다. 아니면 완전히 자포자기 상태가 될 수도 있다.

"그래, 나는 네 말대로 인간 말종이다. 싫으면 이혼하든지 그것도 아니면 그냥 애들 엄마 아빠로 살아라"와 같이 적반하장으로 나오는 것이다.

그래서 아내가 남편의 거짓말에 손해 보지 않으려면 남편이 거짓말을 했다는 사실 그 자체에 집중하지 말아야 한다. 남편의 거짓말은 자신만의 생존 전략일 뿐 그 이상의 그 이하의 의미도 없다. 그리고 거짓말은 이미 일어난 사실이기에 아내가 아무리 추궁한다고 해도 이미 거짓말을 하고 아내를 속여 온 사실 자체가 없어지지는 않는다.

중요한 것은 거짓말을 했다는 과거가 아니라 앞으로의 미래다. 남편의 거짓말을 다루기로 마음먹었다면 먼저 아내 스스로를 지킬 수 있는 환경부터 만들어야 한다. 객관적인 증거부터 확보해야 한다. '누가 봐도 남편이 거짓말을 한 것이 맞다'라고 납득할 수 있게 말이다. 꼭 필요하다면 남편 휴대폰을 보거나 카드 내역을 확인하고, 블랙박스를 봐야 할지도 모른다. 거짓말에 대한 증거, 바로 이것이 첫째로 선행되어야 한다.

남편의 거짓말에 최소한 아내 스스로 방어할 수 있는 권리는 확보해 놓아야 하기 때문이다. 증거도 없이 남편에게 화를 내면 아내는 끌려다닐 수밖에 없다. 증거가 없다면 남편은 마

음 놓고 끝가지 발뺌을 해도 괜찮다는 것을 알게 된다. 오히려
주변에서도 '네가 의심이 많은 것 아니냐'는 이야기를 들을 수
도 있다.

둘째, 남편 의도를 파악해야 한다. 아내와의 관계를 이어
나가려고 어쩔 수 없이 거짓말을 하는 것인지, 아내를 배신하
기 위해서 준비하는 것인지를 파악해야 한다.

예를 들어 남편이 아내와 이혼을 하고 상간녀와 새 살림을
시작하려고 한다면, 아내도 이혼을 각오하고 남편과 상간녀
가 만날 수 없도록 만드는 것이 유리할 수 있다. 이때도 남편
이 아내에게 거짓말을 했다는 것은 중요한 문제가 아니다. 남
편과 상간녀가 만나는 것이 잘못되었다는 것을 법적으로 증
명하는 것이 가장 중요할 수 있다.

남편이 몰래 주식을 한다면 외도와는 달리 이혼을 원하는
것은 아니다. 상황별로 다르겠지만, 아내도 주식을 하면서 남
편과 아내가 편하게 주식 이야기를 할 수 있도록 만들 수도 있
다. 혹은 서로 통장을 오픈하거나 남편 스스로 주식을 하고 있
음을 밝힐 수밖에 없는 기회를 주는 것도 방법이다.

지금까지의 사례는 예시로써 언급하는 것이다. 개인의 상황은 각자 다르기 때문에 앞서 소개한 사례와 똑같이 대응하라는 이야기를 하는 것이 아니다. 필자가 말하고자 하는 바는, 거짓말을 했다는 사실에 집중하기보다 남편이 거짓말을 하지 않아도 되는 환경으로 만들어 나가는 것이 중요하다는 것이다.

남편의 거짓말 때문에 억울하고 답답하고 화가 많이 날 수도 있다. 하지만 거짓말은 인간의 생존 본능이다. 아내의 특정한 방법으로 남편의 거짓말을 한 번에 끝낼 수 있다고 생각하지 말자. 아내가 크게 화를 낸다고 해서, 끝까지 추궁한다고 해서 거짓말을 잡을 수 있다는 기대는 내려놓아야 한다.

차라리 아내의 '화'라는 에너지를 자신의 품격을 높이고 가치를 높이는 것에 투자하는 것이 좋다. 거짓말 하지 않아도 되는 환경을 만들어 주면 남편은 굳이 어렵게 머리를 써가며 거짓말을 하지 않을 것이다.

남편의 거짓말을
줄이는 방법

❶ 남편을 추궁하기 전에 남편이 거짓말을 하는 의도가
무엇인지 먼저 생각해 보자.

❷ 남편이 거짓말을 했다는 것을 입증할 만한 증거부터
확보하자.

❸ 한 번에 해결한다고 생각하지 말고 거짓말을 하지 않
는 환경을 만들어 가면서 대응하자.

부부 생활은 길고 긴 대화 같은 것이다.
결혼 생활에서는 다른 모든 것은 변화
해 가지만 함께 있는 시간의 대부분은
대화에 속하는 것이다.

— 니체

언젠가 한 아내분에게 이런 말을 들었다.

"어디에서 보니까 상간녀를 절대 가만히 두면 안 된다고 하던데요? 집으로 찾아가서 협박도 하고 머리채라도 잡아야 한다고 했어요. 그래야 나중에 마음이 후련해진다구요. 그래야 상간녀도 남편을 그만 만날 수밖에 없게 된다고 하더라고요."

아마도 많은 사람들이 맞는 말이라고 생각할 것이다. 실제로 인간은 대부분 인생에서 급격하고 불쾌한 사건을 겪게 되면 충격을 받는다. 그리고 다시는 그 사건이 일어나지 않도록 노력하며 피하려고 한다. 그래서 우리는 이러한 '처벌'이라고 하는 방식을 인간관계에서 자주 사용해 왔다.

하지만 남편의 외도를 처음 접하는 아내들은 남편에게 함부로 하기 어렵다.

"다 알고 있으니 정리해. 기다릴게..."

　과연 남편은 제정신을 차리고 상간녀와 관계를 정리할까? 절대 아니다. 케이스별로 다르긴 하지만 90% 이상의 대부분의 남편은 말로 타일러서 해결되지 않는다. 그러다 보니 어쩔 수 없이 강력한 처벌이라는 수를 써야 한다고 생각한다. 상간녀에게 일생일대 최고의 고통을 주는 방법에 대해 고민하고 실행한다.

　물론 이렇게 한다고 해서 외도가 바로 정리되는 일은 매우 드물다. 하지만 남편과 상간녀의 관계가 정리되었다고 해도 생각할수록 억울해진다. 상간녀만 남편 옆에 없었더라면 다른 가정들처럼 평범하게 지낼 수 있었을 거라는 생각 때문이다. 마치 악마처럼 느껴지는 상간녀는 우리의 가정을 이렇게 들쑤셔놓고 반성이나 제대로 하고 있는지 궁금해진다.

　어느 날 우연히 상간녀의 SNS를 보게 된다. 아무 일 없었다는 듯 자신의 가족들과 웃으면서 올린 사진을 보기라도 하면 가슴이 찢어질 것처럼 억울하고 분하다. 그래서 '내가 억울한 만큼 너도 고통을 받게 해 주고 싶다'는 울화가 계속 올라온다.

　그럼 다시 앞에서 언급했던 상간녀를 처벌하는 방식에 대해서 생각해 보자. 아내가 상간녀를 찾아가서 욕하고 머리채를 잡고 협박한다면 상간녀는 정신을 차릴 수 있을까? 단언컨대 그 무엇도 해결되지 않는다. 아내들이 상간녀를 만나거나 통화할 때 자주 듣는 말들이 있다.

"부부 문제는 그쪽이 알아서 해야 하는 것 아닌가요?"

"제가 무슨 잘못을 했죠? 당신 남편이 저를 좋다고 한건데요."

"예전부터 사이가 안 좋으셨다던데, 집착 좀 그만하세요."

아무리 상간녀라지만 정말로 뻔뻔하다. 본인이 유부남과 부적절한 관계를 맺고 있는 것이 잘못인지를 모르는 것처럼 말이다. 오히려 남편 관리를 잘 하라는 둥 그렇게 꽉 막혀 살지 말라는 둥 인간관계에 대한 훈수까지 둔다.

그런데 상간녀는 정말 자신이 잘못하고 있다는 것을 모를까? 아마 알고 있을 것이다. 사실은 너무나도 잘 알고 있기 때문에 오히려 뻔뻔하게 말하는 것이다. 그래서 처벌이라는 것을 강행하기 전에 상간녀가 어떤 정신세계를 가지고 있을지 먼저 따져 봐야 한다.

상간녀도 대한민국에서 의무교육을 받았고 법과 도덕이 무엇인지는 알고 있을 것이다. 그래서 본인의 깊은 내면에서는 '너 그러면 안 돼', '넌 정당하지 않아', '넌 어쩜 그렇게 사니?'라는 목소리가 속삭인다. 하지만 상간녀는 그 내면의 목소리를 절대 인정할 수 없다. 만약 인정한다면 자신은 '인생의 패배자', '부적절한 사람'이라는 것을 인정하는 꼴이 되기 때문이다. 그래서 그런 것들을 거부하며 자기합리화를 하는 것이다.

그래서 상간녀는 항상 열등감을 가질 수밖에 없고, 그 열등감을 누구에게 들킬까 봐 조마조마하면서 꽁꽁 숨기기에 급급하다. 주변에 바른 소리를 하는 친구들이 분명히 있다. "야, 너 그거 잘못된 거야. 너 그러면 안 돼" 이런 소리를 계속하는 친구가 있다면 절교하기도 한다.

그리고 상간녀는 남편이 이혼하지 않는 이상 남편의 정부인이 될 수 없다. 상간녀는 어떤 수를 써도 본인의 '정당성'을 입증하기는 불가능하다.

반면 아내는 상간녀가 절대로 가지지 못할 '정당성'이 있다. 남들의 축하와 인정을 받는 결혼식을 했고, 남편과 혼인 관계라는 것을 국가에서도 인정해 준다. 무엇인가를 딱히 하지 않더라도 상간녀보다 우월한 존재다. 그런 아내가 굳이 상간녀에게 전화를 하거나 직접 찾아가서 협박을 할 필요가 있을까? 아내가 연락을 취했을 때 상간녀에게 원하는 모습은 다음과 같을 것이다.

- 진심으로 잘못했다는 사과
- 앞으로 다시는 그렇지 않겠다는 다짐과 행동
- 고통스럽고 힘들어 하는 모습

하지만 상간녀는 거의 90% 이상 이런 모습을 보이지 않는다. 상간녀는 자신의 열등감을 인정하지 않기 때문이다. 만약 상간녀가 진심으로 미안하다고 말하더라도 법적인 문제 등을 고려한 연기를 하고 있다고 봐야 합리적일 것이다.

앞에서는 잘못한 척 용서를 구해도 주변 사람들에게는 '그 여자도 별거 아니더라'는 식으로 이야기를 하며 자신의 열등감을 감출 것이다. 아내가 상간녀를 처벌하려고 시도한다면 아까운 시간을 낭비할 가능성이 크다. 상간녀의 뻔뻔한 행동에 굳이 하지 않아도 되는 감정소모를 하게 될 것이다.

상간녀는 열등감에 찌들고 잃을 게 없다고 생각한다. 절대로 일반적, 정상적 정신세계의 소유자로 여기면 안 된다. 아내가 상간녀를 직접적으로 공격했을 때 상간녀는 가만히 있지 않는다. 잃을 것이 없는 상간녀는 막무가내로 아내에게 심리적으로, 법적으로 보복을 가할지도 모른다. 아내는 굳이 상간녀에게 직접 '처벌'하기 위해 손해를 감수할 필요가 없다.

열등감에 찌든 상간녀에게 줄 수 있는 가장 큰 고통은 상간녀와 아내는 급이 다른 사람이라는 것을 보여 주는 것이다. 구체적인 방법으로 두 가지가 있다.

첫째, 앞서 언급한 대로 상간녀를 직접 처벌하는 방법이 있다. 상간녀의 가치를 깎아내리는 시도를 할 수 있을 것이다. 찾아가서 협박하고, 때리고, 상간녀 주변 사람들에게 상간녀의 행실을 알리는 것이다.

둘째, 아내의 가치를 지켜 내거나 올리는 방법을 선택할 수 있다. 남편의 외도로 좌절하는 것이 아니라 감정 조절을 하고 흔들림 없는 모습을 보여 주는 것이다. 그리고 이번 일을 계기로 자신을 위해 더 즐거운 시간을 보내는 것이다.

첫째 방법이 효과적인지 생각해 보자. 아내가 상간녀를 공격한다고 상간녀의 가치가 낮아질까? 이미 상간녀의 가치는 '0(제로)'이다. 어쩌면 마이너스 일지도 모른다. 더 잃을 것이 없는 사람일 수 있다. 굳이 이런 사람을 상대할 필요가 있을까? 아내도 함께 가치를 잃을 수도 있다. 어쩌면 이 방법으로 아내가 상간녀의 열등감을 가려 주는 빌미를 제공할지도 모른다.

둘째 방법은 아내가 원한다면 무조건 실행할 수 있다. 상간녀가 뭘 하든 흔들리지 않고 해야 할 일을 하는 것이다. 필요하다면 소송도 하고, 많이 웃고, 밝게 인사하고, 가족들과 여행도 가고, 친구들도 만나고, 아이들 키우는데 온 정성을 쏟는 것이다. 자신과 가족에게 집중하여 아내 스스로의 가치를 올리는 것이다. 아내의 이런 모습은 상간녀와 아내의 격차를 지속적으로 확인시켜 준다. 본인의 존재를 알고도 전혀 흔들림 없는 아내에게 상간녀는 스스로 아무것도 아님을 알게 된다. 그것만으로도 상간녀는 스스로 열등감에 휩싸여 고통받게 된다. 아내가 쓸데없는 감정 소모를 하지 않으면서도 상간녀에게 가장 복수를 할 수 있는 방법이다.

| 대처 포인트 ⑥ |

❶ 상간녀를 직접적으로 처벌하는 방식으로 아내가 얻을 수 있는 것이 있는지 확인하자.

❷ 아내 본연의 삶을 잘 사는 것만으로도 상간녀에게 큰 고통을 안겨줄 수 있다.

본인이 대화하다 불리하거나 사소한 걸로 기분이 나쁘면 입을 꼭 닫고 이야기를 하지 않는 남편이 있다. 그러다 풀리겠지 싶어 놔두는데 하루이틀 지나도 계속 남편이 아내를 유령 대하듯 한다. 도대체 말 안 하는 남편은 어떤 생각을 가지고 있는지 그리고 다시는 이런 침묵을 하지 않도록 만드는 방법에 대해 알아보자.

　남편이 입을 닫는다면 자존심이 강한 반면 소심한 성격일 수 있다. 남편과 지극히 평범한 대화를 하다가도 갑자기 표정이 어두워지고 얼굴이 빨개질 수도 있다. 어떤 경우는 자기 방에 들어가서 혼자 있고 그 다음날이 되어도, 그 다음 주, 심지어는 두세 달 말을 안 하고 서먹하게 지내기도 한다. 아내 입장에서는 진짜 답답하다. 이유도 모른 채 남편의 화와 침묵농성을 고스란히 받고 있으니 말이다.

　남편이 무엇 때문에 그러는지 답답하다 보니,

"제발 좀 말이라도 해 줘라."

"아니, 차라리 화가 났으면 화를 내라. 왜 이렇게 있느냐?"

라고 해 보지만 대답은 들을 수가 없다. 그러다가 시간이 지나고 남편은 아무 일이 없었다는 듯 얼렁뚱땅 다시 일상생활을 이어 나간다. 아내 입장에서는 남편의 속내를 알 수 없지만 '입을 연 것만으로도 다행이다' 싶은 생각으로 지낼 수밖에 없다. 남편이 입을 열었을 때 아내가 얼마나 힘들었는지 이해해달라고 말하기도 어렵다. 그 말을 꺼내면 남편이 다시 침묵할까 봐 두렵기 때문이다.

도대체 남편은 왜 이럴까? 말을 하지 못하는 갓난아이는 배가 고프면 온몸을 움직이며 울음을 터뜨려 엄마가 자신을 찾도록 만든다. 그런데 엄마는 아이가 배가 고픈 것인지 넘어져서 다친 것인지 잠이 와서 떼를 쓰는 것인지 모른다. 온몸을 살펴보고, 잠도 재워보려 하며 다양한 시도 끝에 결국 젖병을 물려주면서 아이의 배고픔을 채워 줄 때 비로소 울음을 그쳤던 경험이 있을 것이다.

그렇지만 아이가 말을 배우게 되면 울음 대신 "엄마 맘마

~"라고 말하면 자신의 욕구가 채워진다는 것을 알게 된다. 이 처럼 인간은 자신의 욕구를 충족시키기 위해서 행동을 한다. 그리고 언어라는 것을 활용하면 크게 힘을 들이지 않고 자신의 욕구를 채울 수 있다는 것 또한 알게 된다.

하지만 우리의 욕구가 항상 언어를 통한 의사소통으로 채워지지는 않는다. 그러면 우리는 그것을 갓난아이처럼 행동으로 표현하게 된다. 화를 내기도 하고, 울기도 하고 때를 써 보기도 한다.

남편이 입을 닫았다면 아마도 언어를 통한 의사소통으로는 자신의 문제가 해결되지 않았다는 것을 뜻할 것이다. 그리고 침묵을 통해서 표현하기로 선택한 것이다.

'당신은 내 생각에 대해서 전혀 존중해 주지 않아. 당신도 한 번 당해 봐. 그 기분이 뭔지.'

'지금 너무 피곤해서 당신의 불평을 들어줄 힘이 없어 휴식을 취하고 싶어.'

'당신의 이야기는 모두 다 비난으로 느껴져서 내가 한없이 작아지는 느낌이야.'

'당신과 비밀 얘기를 하기에는 당신의 입이 너무 가벼워서 차라리 말을 안 하는 것이 낫겠어.'

'당신은 항상 나에게 강요를 하지. 그렇게 한다면 나는 절대 당신과 가까워지지 않을 거야.'

이러한 의미들을 암시하기 위해서 침묵을 선택했을 것이다.

그리고 이 상황을 즐기고 있는 것일 수도 있다. 입을 닫고 있는 것만으로도 자신이 이길 수 있다는 것을 알고 있을 수도 있다. 부부 간에 소통 없이 서로를 유령처럼 대하는 것이 자신도 내심 불편하면서도 말이다.

그런데 이때 남편의 침묵을 참지 못하고 많은 아내들은 무조건 대화로 풀려고 한다. 말을 걸어서 해결을 하기 전에 남편이 무엇을 원하고 있는지 신중하게 생각해 봐야 한다. 답답하니까 어쩔 수 없겠지만 말을 재촉하는 아내의 행동이 오히려 남편의 침묵을 조장할 수도 있기 때문이다.

왜냐하면 남편은 입을 닫음으로써 자신이 의도하는 목적을 어느 정도 이룰 수 있다는 것을 알기 때문이다. 예를 들어 남편이 아내가 자신을 무시한다는 생각이 들 때 침묵을 선택했다고 가정해 보자. 이런 경우 아내가 답답해서 계속 대화를 시도하면 남편은 한 가지 결론을 내리게 된다.

'내가 침묵하는 것을 아내가 크게 고통스러워하는구나. 다음에도 아내가 나를 무시하면 나는 그냥 며칠 간 침묵을 해야겠다. 그래야 앞으로는 아내가 나를 무시하는 것을 조심할거니까'

남편은 이런 식으로 자신이 원하는 것을 얻기 위해 침묵을 수단으로 쓸 수 있다. 아내가 그 침묵에 계속 장단을 맞춰 주게 되면 어떻게 될까? 남편은 앞으로도 같은 상황에서 계속 침묵을 할 것이다.

물론 남편이 침묵을 하는 이유는 모두 다 다를 것이다. 어떤 경우는 아내와 많은 다툼을 해서 아내와의 싸움 자체를 피하고 싶은 경우도 있다. 또 어떤 경우는 자신의 의견이 받아들여지지 않거나 비난받는 것이 두려워서 침묵할 수도 있다. 남편이 침묵하려는 의도가 이런 것들이라면 남편이 아내와의 대화를 편안하게 느낄 수 있도록 환경을 만들어 나가는 것이 중요하다.

하지만 남편이 침묵하는 이유가 아내에게 고통을 주기 위함일 때가 있다. 그렇다면 이런 경우에는 남편이 침묵하는 그 행동을 무시하는 방법도 있다.

'너도 말을 안 하니 나도 말을 안 한다'는 개념이 아니다. '남편이 말을 하지 않는다'는 것만 무시를 하고 나머지는 변함없이 일상생활을 진행하는 것이다. 남편이 대답하지 않지만 아이들 문제에 대한 의견을 물어보고, 아내의 일상적인 이야기를 하며 그냥 아무렇지도 않다는 것을 보여 주는 것이다.

남편에게 직접 말을 하지는 않았지만 '너는 말을 하지 않고 괴롭지만 난 상관없어'라는 메시지를 암묵적으로 전달할 수 있다. 남편은 아내에게 고통을 주려고 침묵을 했지만 아내가 전혀 타격이 없어 보이면 그 행동을 멈출 수밖에 없다. 남편의 자존심의 강도에 따라 시간은 걸릴 수 있지만 효과는 확실할 것이다.

침묵하는 남편의 입을
여는 방법

❶ 남편에게 직접적으로 묻지 말고 침묵을 하는 의도에
대해서 파악하자.

❷ 남편의 침묵이 아내에게 고통을 주기 위함이라면 무
시하는 방법도 있다. 남편의 침묵이 아내의 감정을 더
이상 건드릴 수 없다는 것을 보여 주자.

결혼의 성공은 적당한 짝을 찾는데 있

는 것이 아니라 적당한 짝이 되는 데

에 있다.

— 텐드우드

"남편이 나를 나쁘게 보면 어떻게 하지?"

"아이들에게 못된 엄마가 되면 어떻게 하지?"

"시어머니가 이거 하나 제대로 못한다고 하면 어떻게 하지?"

유독 거절을 못하는 사람이 있다. 거절을 한다는 것이 쉽지만은 않은 일이다. 하지만 무리한 부탁에 대해서 확실하게 거절하지 못한다면 남편에게, 아이들에게 끌려다니면서 '을' 처럼 지내고 있을 것이다.

아내가 거절하는 방법을 몰라서 안 하는 것은 아니다. 그렇다면 아내가 왜 남편과 자녀들에게 거절을 못하는지 그 속 내부터 들여다보자.

타고나길 거절을 못하는 사람도 있을 것이다. 그렇지만 결혼 생활을 하면서 나도 모르게 거절을 못하는 사람이 되는 경우도 많다. 결혼 전에는 마음껏 하고 싶은 것을 하고 살았을 것이다. 그런데 결혼 이후에는 아내를 주시하고 있는 눈이 많아지면서 모두에게 인정받는 아내, 엄마가 되고 싶어진다. 남편은 결혼 전에 본인의 엄마가 해 주던 것을 아내에게 요구하기도 한다. 아이들은 안아 달라고, 놀아 달라며 매 순간 함께하기를 원한다. 시댁과 친정에서도 예상치 못한 기대들을 하곤 한다.

그러다 보니 엄마로, 아내로, 며느리의 역할만 잘 하면 그것이 내가 잘 사는 것이라는 생각을 무의식적으로 하게 된다. 이런 일상이 반복되면 아내 자신이 어떤 사람인지를 잃어버린 채 살아간다. 가족과 부모님의 기대에 맞춰 그들의 요구를 거절하지 못하고 들어줄 수밖에 없다. 그들의 기대에 맞추느라 스스로의 에너지를 소진한다. 그렇게 시키는 대로 하는 것을 당연하게 느낀다.

우리는 지금 어느 시대에 살고 있는가? 바로 21세기에 살고 있다. 태어나자마자 신분과 역할이 정해지는 조선 시대가 아니다. 조선 시대의 아내들은 아내의 의사와 상관없이 혼인을 하고 건강한 아들을 출산하기 위해서 최선을 다해야 했다. 다들 그렇게 살았고 아무 문제가 없었다. 오히려 아내가 자신의 주장을 내세우며 당당한 모습을 보였다면 위험했을지도 모른다.

그 당시의 한 여성이 "나는 아들을 낳고 싶지 않다. 아이 키우는 것도 별로 좋아하지 않는다"라고 말하거나 "밥 짓고 반찬하는 집안일은 소질이 없다. 내가 밖에서 돈을 벌어서 다른 사람을 시키겠다"라는 말을 스스럼없이 했다면 '경'을 칠 일이다.

아마도 '너는 내 자식이 아니다'라면서 집에서 쫓겨났거나 아내의 도리, 며느리의 도리를 다하지 못했다고 감옥에 갇혀 죽임을 당했을지도 모른다. 사실 이런 비슷한 문화적 관습은 조선 시대뿐만 아니라 7, 80년대까지만 해도 어느 정도 통용되던 이야기였다.

선생님 말씀 잘 듣고 부모님 말씀 잘 따르며 남들 다하는 공부를 하고, 성적대로 대학을 가거나 취직을 했을 것이다. 그리고 결혼을 하면 집안일과 육아를 하는데 온 힘을 쏟는다. 자녀들을 결혼시키고 나서는 자녀들에게 부양을 받으며 산다. 그러다 임종을 맞이한다.

지금은 많이 바뀌었다고 해도 여전히 그런 것이 당연하다고 생각하는 사람이 많다.

그런데 사실은 그렇지 않다. 예전에는 아이를 낳아 대를 잇고 경제적 공동체로 생존하기 위해서 결혼을 했을 것이다. 하지만 지금은 개인의 행복을 추구하기 위해 결혼을 한다. 우리는 행복하기 위해서 결혼을 하는 것이지 아내, 엄마, 며느리의 역할만 하려고 결혼한 것이 아니다. 절대 잊으면 안 된다.

그렇다고 해서 당장 내 행복을 위해 육아도 내팽개치고, 남편의 요구도 무시하며 하고 싶은 대로만 살라는 이야기를 하는 것이 아니다. 상대방의 요구를 아무런 근거도 없이 마냥 거부하는 것은 싸우자는 이야기밖에 되지 않기 때문이다.

거절을 하려면 아내가 스스로를 먼저 설득할 수 있을만한 타당한 근거들을 만들어야 한다. '나는 이걸 거절하는 것이 당연해'라고 스스로 당당해질 수 있을 만한 근거를 마련해 두어야 한다. 그래야 상대방의 눈치를 보지 않고 당당하게 거절을 할 수 있다. 그리고 그 근거들을 찾아가려면 나는 어떤 사람인지, 어떤 정체성을 가지고 있는 사람인지부터 출발해야 한다.

우리는 바쁘지만 하루에 5분만이라도 자신의 마음에 귀

기울이는 시간을 가지는 것이 필요하다. 잠들기 전이나 혹은 아침에 잠깐 시간을 내어볼 수 있다. 그마저도 안 된다면 아이 낮잠을 재우고 5분이라도 나는 어떤 사람인지를 고민해 보자.

나는 무엇을 좋아하고 무엇을 싫어하는 사람인가를 먼저 명확히 알아야 한다. 그러면 내가 어디까지 상대방의 부탁을 들어줄 것인지를 명확하게 알게 되고 선을 그을 수 있다. 내가 삶에서 중요하게 생각하는 것, 생각보다 덜 중요하게 생각하는 것에 대한 우선순위를 적어볼 수 있다. 그리고 스스로 '이 정도는 해 줄 수 있다', '이건 내가 해 주기 힘들다'의 명확한 선을 긋다 보면 생각의 변화가 찾아 올 것이다.

우리 자신에 대해서 미리 생각해두지 않으면 우리는 무의식적으로 남들의 요구에 반응할 수밖에 없다. 또 다시 거절하지 못하고 시키는 대로 움직이는 삶이 될 것이다.

예를 들어 아침 일찍 출근하는 남편이 아침밥을 차려 달라고 한다. 마침 아침잠이 없어서 남편의 요구를 들어줄 수 있다. 그렇다면 아침 일찍 남편의 아침밥도 차려 줄 수 있고 고마워하는 남편에게 뿌듯함을 느낄 수도 있을 것이다. SNS에 남편 밥상이라고 해서 사진도 자랑할 수 있다.

반면 육아를 하다 보면 아이가 한두 시간마다 자다 깨서 아침 늦게까지 잠을 자야하는 경우도 있을 것이다. 이때 아내가 남편의 눈치 때문에 새벽같이 일어나서 아침밥을 차린다면 정말로 힘들 것이다.

만약 상황이 이렇다면 자신에 대해서 생각할 시간을 가져볼 수 있다.

'내가 현재 가장 필요한 것은 잠자는 시간이다. 아이 때문에 잠을 잘 못 자고 있는데 잠자는 시간을 어떻게든 늘려야 하루가 피곤하지 않고 에너지가 난다. 그래야 퇴근 후에 남편도 잘 맞이할 수 있고 아이한테 짜증도 덜 낸다. 나는 아침밥을 차려 주는 것보다 충분한 잠을 자는 것이 중요하다.'

이처럼 명확하게 선을 그어둔다면 다시 남편이 아침밥을 차리라고 했을 때 주저하지 않고 단호하게 거절할 수 있다. 나라는 사람이 어떤 사람인지 잘 이해를 하고 있기에 당당해질 수 있다.

누군가의 SNS에 올린 아침밥 사진을 보고 '나는 남편 아침도 못 차려 주는 아내'라며 죄책감이나 경쟁심을 느끼지 않을 것이다. 왜냐하면 아침밥을 어쩔 수 없이 못 차려 주는 사람이 아니라 나를 위해서, 장기적으로 가족을 위해서 아침밥을 안 차려 주기로 선택한 사람이기 때문이다.

그리고 아내가 거절을 잘 하면 오히려 남편은 아내에 대해서 더 잘 이해한다. 자신의 아내가 무엇을 싫어하고 무엇을 좋아하는지 인식할 수 있기 때문이다. 사실 아침 일찍 일어나 아침밥을 해 주면 고마운 일이다. 하지만 이런 일이 반복되면 남편은 당연하게 받아들이게 된다. 남편이 나빠서가 아니라 인간 본성이 원래 그렇다. '조금만 노력하면 해 줄 수 있는 일'이라고 간단하게 생각할 가능성이 높다. 그러면서 아내가 싫어한다는 것을 점점 잊어버린다. 아내가 좋아서 아침밥을 차려 주는 것처럼 착각하는 것이다.

물론 아침 일찍 일어나서 아침밥을 차리는 것을 즐기는 사람이면 별 문제가 되지 않는다. 남편이 당연하게 느끼든 그렇지 않든 자기 자신의 만족을 위해서 아침밥을 차리는 것이기 때문이다. 하지만 그렇지 않다면 아내는 싫으면 싫다고 말해야 한다. 그래야 남편의 성화에 못 이겨 한번쯤 아침밥을 차려 주더라도 남편이 아내의 노력을 알게 되고 고마움을 느낀다.

아내는 거절을 잘 하는 것만으로도 충분히 '갑'이 될 수 있다. 나는 어떤 사람인가, 어떤 정체성을 가지고 있는 사람인가 끊임없이 탐구해 보고 나에게 중요한 우선순위를 만들어 나가자. 스스로 중심을 잡을 수 있을 것이다. 사람들의 무리한 요구에 단호하게 대응할수록 오히려 우리를 더 좋아하게 될 거라는 확신을 가져도 된다.

| 대처 포인트 ⑧ |

❶ 우리는 아내의 역할을 하기 위해 결혼한 것이 아니다. 행복하기 위해서 결혼했다는 것을 잊지 말자.

❷ 당당하게 거절하기 위해서는 거절해야 하는 이유를 자신에게서 찾아야 한다. 나는 어떤 사람인지 끊임없이 확인하자.

여러 가지 이유가 있겠지만, 부부 문제의 가장 큰 괴로움은 '외도'이다. 실제 필자가 운영하는 온라인 커뮤니티 회원들 중 절반 이상이 남편의 외도로 인한 괴로움을 토로하였다. 여러 회원들의 이야기를 듣다 보니 외도 사연도 다양하다.

　남편에게서 느낀 배신감은 직접 경험하지 않는다면 공감하기가 정말 힘들다. 외도를 하고도 뻔뻔한 남편의 얼굴을 보면 일상생활이 불가능할 정도로 분노가 치밀어 오른다.

　그래서 남편이 저지른 잘못을 뼈저리게 후회하게 만들 방법을 고민할지도 모른다. 그래야 아내도 남편을 다시 믿어볼 용기가 생기고 외도 전의 가정으로 돌아갈 수 있을 것으로 생각한다. 최소한 남편 또한 아내만큼 고통스러운 것을 직접 확인해야 답답한 가슴이 뻥 뚫릴 것 같기 때문이다.

　하지만 거의 대부분의 아내는 어떤 방법을 써도 남편의 마음은 완전히 돌아서서 어떻게 해도 마음을 돌릴 수 없을 거라는 확신마저 든다. 아내가 뭔가 노력하면 노력할수록 남편은 내게서 멀리 달아나고 더 추악해지며 아내는 더욱 비참한 기분을 느낀다.

하지만 남편의 악마 같은 행동을 보고 결혼 생활이 끝났다고 단정 짓지 말자. 왜냐하면 사람의 감정은 항상 변하기 때문이다. 예를 들어 생각해 보자. 여행을 계획할 때의 감정, 여행을 하고 있을 때의 감정, 여행이 끝났을 때의 감정이 모두 다르다.

누군가와 여행을 계획할 때에는 꿈과 기대에 부풀 수 있다. 그런데 막상 여행을 가면 날씨는 덥고 가려고 했던 맛집은 한 시간 이상 기다려야 할 수도 있다. 그래서 막상 여행을 떠나면 '역시 집이 최고다'라는 생각이 든다. 그렇게 여행을 끝나고 집에 돌아오면 다시 일상으로 돌아가야 한다는 아쉬운 마음이 생긴다. 아마 이런 경험은 누구에게나 있을 것이다.

똑같이 남편은 과거에 아내에게 느꼈던 감정, 현재 아내에게 느꼈던 감정, 미래에 아내에게 느낄 감정은 모두 다를 수밖에 없다.

그렇다고 해서 '남편분은 시간이 지나면 다시 결국 돌아옵니다. 참으세요'라거나 '아내가 잘 지내고 있으면 남편도 언젠가는 후회할 겁니다'라는 조언을 가장한 뻔한 위로를 하고 싶지 않다. 여기서 더 나아가서 외도한 남편이 나중에라도 후회하게 하려면 우리는 어떻게 행동해야 하는지 알아보자.

먼저 아내가 남편의 외도를 경험했을 때 남편에게 어떻게 대응을 하는지 알아보자.

> ❶ 엄청난 분노를 드러내며 남편을 비난하고 욕하기
> ❷ 상간녀에게 연락하여 남편 욕을 하고 헤어지라고 하기
> ❸ 남편이 용서를 빌지도 않는데 애들을 봐서라도 멈춰 달라고 애원하기

세 가지 행동 중에서 한 가지라도 지속하고 있다면 남편은 시간이 지날수록 '내가 후회할 필요가 없다'라고 생각할 가능성이 매우 높다. 어쩌면 필자에게 이렇게 말할 수도 있다.

"남편이 외도를 했는데 화를 안 내고 어떻게 참나요? 제가 뭘 잘못했나요?"

"상간녀는 남편에 대해서 몰라요. 당연히 알려줘서 바로잡아야 하는 것 아닌가요?"

모두 맞는 말이다. 남편이 바람을 폈는데 감정적으로 흔들리지 않는다면 그게 더 이상한 것이다. 하지만 모든 일을 감정적으로 처리하는 것이 최선은 아닐 것이다.

아내가 원하는 것은 남편의 외도를 멈추는 것이고 뒤늦게라도 남편이 후회하게 만드는 것이다. 그러려면 아내는 감정을 내려놓고 현재 상황을 객관적으로 바라볼 필요가 있다.

우리는 먼저 사람들이 죄책감과 후회를 어떤 상황에서 느끼는지를 생각해 볼 필요가 있다.

예를 들어 우리가 심심풀이로 바닷가에 가서 돌을 던지고 있었다. 그런데 바다에 아무도 없는 줄 알았는데 수영을 하고 있던 사람이 돌에 맞았다. 머리에서 피가 날 정도는 아니지만 아파한다. 이런 상황에서 두 가지 경우를 생각해 보자.

첫째, 우리가 돌을 던졌지만 상대방은 우리가 돌을 던진지 모르는 경우다.

둘째, 상대방이 우리에게 협박을 하며 돈 100만원을 요구했고 어쩔 수 없이 돈을 준 경우다.

첫째 경우라면 우리는 죄책감을 느끼고 후회할 것이다. '좀 더 조심히 행동할 걸', '돌을 왜 던졌지? 위험한데'라고 하면서 상대방에게 미안함을 느낄 것이다.

둘째 경우라면 우리는 죄책감을 덜 느낀다. '내가 돌을 던진 건 맞는데 내가 돈까지 뜯겨야 해?', '파도가 높아서 안 보였는데 이게 나만의 잘못인가?'라고 생각할 수 있다.

왜 첫째 경우는 우리가 죄책감을 느끼고 후회하지만, 둘째 경우는 우리가 잘못은 인정하지만 죄책감을 덜 느끼게 되는 걸까?

그 이유는 내가 잘못한 만큼 죗값을 치렀느냐 그렇지 않았느냐에 달려 있다. 첫째 경우는 우리가 잘못했지만 죗값을 치르지 않았다. 그래서 죄책감을 크게 느낀다.

반면 둘째의 경우는 우리가 잘못하긴 했지만 충분히 상대방에게 보상을 했으니 죄책감을 덜 느낀다. 때에 따라서는 오히려 '100만원이나 뜯겼다'고 하면서 억울해 할지도 모른다.

이 사실을 인지하고 아내가 남편의 외도를 경험한 경우 어떤 행동을 주로 하는지를 다시 보자.

---

❶ 엄청난 분노를 드러내며 남편을 비난하고 욕하기

❷ 상간녀에게 연락하여 남편 욕을 하고 헤어지라고 하기

❸ 남편이 용서를 빌지도 않는데 애들을 봐서라도 멈춰달라고 애원하기

---

❶은 남편이 아마도 아내에게 모욕을 당하면서 자신이 죗값을 치르고 있다고 생각할 것이다. 그런데 시간이 지나면서 어떤 생각이 들까? 남편은 자신에게 지속적으로 화를 내고 비난하는 아내와 같이 살고 싶은 마음이 생길까? 오히려 '나도 어느 정도 죗값을 치렀는데 너무하다'는 생각이 들지도 모른다.

❷도 마찬가지로 남편의 외도가 계속 진행되고 있다면 상

간녀에게 아내가 남편 본인의 욕을 했다는 연락을 받았을 것이다. 그래서 남편은 '너도 나를 감싸주기는커녕 다른 사람에게 내 욕을 했다. 나도 잘못했지만 너도 부당한 행동을 했다'라고 생각하게 된다. 남편의 죄책감을 가볍게 만들어 준다.

❸은 어떤가? '나는 죄를 지은 건 맞지만, 아내가 용서해 줬다'고 생각하게 된다. 남편은 자신이 죗값을 치를 필요가 없다고 느낀다. 자신의 잘못을 '쉽게 용서받을 수 있는 작은 잘못'으로 여길 가능성이 높다.

만약 세 가지 중에 한 가지라도 하고 있었다면 당장 멈추자. 이것을 멈추는 것만으로도 아내는 쓸데없는 에너지 낭비를 줄이고 아내 스스로를 위해 집중할 시간들이 많아질 것이다. 그리고 남편의 외도가 끝나면 남편이 후회하고 자책할 확률이 높아진다. 남편에게 벌을 내리고 싶다면 상간녀와 관계가 끝난 다음에 해도 충분히 늦지 않다.

그렇다고 남편이 상간녀를 만나는 것을 지켜보면서 가만히 있어야 한다는 말을 하는 것이 아니다. 감정적으로 행동하지 않아야 한다는 것이다. 남편과 이혼하는 것을 원하지 않는다면 더 이상 상간녀와 관계를 지속할 수 없도록 대응을 해 나가야 한다. 때에 따라선 소송이 필요할 수도 있다.

하지만 이때 주변 지인들 때문에 혼란스러운 경우가 있다. 주변 지인들이 "어떻게 너는 시원하게 욕 한 번 안 지르고 그렇게 담담해?"라고 물어볼 수도 있다.

만약 그런 이야기를 듣는다면 스스로를 칭찬해 주기 바란다. 우리는 더 이상 남편이나 상간녀 때문에 흔들리지 않는다는 것을 의미한다. 스스로 중심을 잡고 이성적으로 행동하고 있는 것이다.

"당장 이혼 안 하고 뭐 하냐", "그렇게 하면 남편 정신 못 차린다" 등 주변 사람들의 말에 흔들리지 말자. 그들은 우리의 인생을 책임지지 않는다. 우리는 지금 당장 남편을 고통스럽게 만들고 싶은 유혹에 빠질 것이다.

하지만 우리가 남편에게 죗값을 치르게 허용해 주지 않는다면 남편은 분명 후회할 것이라는 것을 잊지 말자. 단순히 지금 겉으로 보이는 남편의 행동을 보고 감정적으로 행동하지 말자. 아내의 에너지를 낭비해가며 남편이 후회와 자책을 가

볍게 만들어 주지 말자. 그 대신 아내 스스로의 삶에 모든 에
너지를 투자하자.

무엇보다 가장 중요한 것은 우리의 행복이라는 것을 잊지
말자.

바람피운 남편이
후회하고 반성하게 만드는 방법

─────── | 대처 포인트 ⑨ | ───────

❶ 현재 남편이 어떤 행동을 하든 미래를 무조건 비관적
으로 결론내리지 말자.

❷ 아내의 행동이 남편에게 죗값을 치르게 만들고 있지
는 않은지 점검해 보자.

❸ 아내의 에너지를 남편에게 낭비하지 말고 아내의 행
복을 위해 쓰자. 남편에게 벌을 내려야 한다면 모든
상황을 정리하고 나서도 늦지 않다.

❹ 주변 사람들의 이야기에 휘둘리지 말자. 그들이 내
인생을 책임져 주지 않는다.

딱 일주일 전 점심에 무엇을 먹었는지 기억하는가? 캘린더 어플을 확인하거나 카드 결제 내역을 뒤져보고 나서야 간신히 기억해 낼 것이다.

그런데 10년이 넘어도 문득문득 떠올라서 마음을 아프게 하는 기억들이 있다. 특히 남편이 외도를 했던 기억은 평생 잊기 힘들다고 알려져 있다. 남편이 외도를 한 건 오래전 일이고 현재는 가정에 충실하지만, 악몽 같은 기억은 계속 떠올라 아내를 힘들게 할 수 있다.

누군가는 "왜 별것 아닌 걸로 맨날 힘들어 해. 그냥 털어버려"라고 쉽게 말할지도 모른다. 하지만 아내에게는 매우 큰 상처일 수 있다. 임신 중 몸과 마음이 너무 힘들 때 남편에게 들은 차가운 한 마디, 어느 날 화를 내며 나를 노려봤던 남편의 표정, 이제는 괜찮다고 생각했는데 어렸을 적 부모님에게서 받았던 상처가 기억날 수도 있다.

　그것이 어떤 기억이라도 아내에게 도움이 되지 않는다는 것은 사실이다. 먼저 그런 기억들이 왜 아내를 힘들게 하는 걸까? 그리고 그 기억들을 어떻게 다뤄야 할까?

　먼저 우리는 잊히지 않는 기억이 어떻게 만들어지는지 알아볼 필요가 있다. 우리 뇌의 기억은 실제로는 매우 복잡한 신경 화학작용으로 이루어진다. 이해를 돕기 위해 우리의 기억을 간단하게 두 가지로 나눠 보겠다. 하나는 '단기 기억', 다른 하나는 '장기 기억'이다.

　우리가 현재 느끼는 대부분의 감각과 경험들은 '단기 기억'의 형태로 저장이 된다. 앞서 언급한 대로 우리는 며칠 전에 무엇을 먹었는지도 기억하지 못한다. 일정 시간이 지나면 전혀 기억이 나지 않는다.

　반대로 어떤 사건은 우리에게 '장기 기억'의 형태로 남게 된다. 시간이 지나도 좀처럼 잊히지 않는 기억이다. 그때 상황을 생생하게 떠올릴 수 있고 일상생활 도중에도 그때 그 기억이 머릿속에서 스쳐 지나간다.

　'단기 기억'과 '장기 기억'의 차이점은 무엇일까? 바로 그때 그 상황에서 우리가 느꼈던 '감정'에 차이점이 있다. 우리의 일상은 보통 정서적인 변화를 크게 동반하지 않는데, 이때 우리의 뇌에서는 '단기 기억'으로 저장을 한다.

하지만 특정 사건은 우리의 감정을 크게 변화시키면서 우리 뇌에서는 '이 상황은 위험한 상황이니 꼭 잘 기억해 두자'라고 인식한다. '장기 기억'으로 저장이 되는 것이다.

우리 뇌는 일종의 방어 시스템이다. 연예인이 인터뷰를 하면 기자들이 쉴 새 없이 사진을 찍는 장면을 보았을 것이다. 우리 뇌에서는 그 특정 사건의 순간을 쉴 새 없이 사진을 찍고 '장기 기억'으로 저장시킨다. 또 우리의 마음이 힘들고 스트레스로 지쳐 있을 때 일상적인 작은 소란도 우리에게는 큰 감정 반응을 불러일으키기도 한다.

이때에도 우리 뇌는 그 작은 소란도 '장기 기억'으로 저장한다. 왜냐하면 우리에게는 작은 소란도 막아낼 에너지가 없어 큰 위협이 될 수 있기 때문이다. 역시나 뇌에서 방어 시스템을 작동시킨 것이다. 우리의 뇌는 이렇게 위험한 환경에서 살아남을 수 있도록 진화해 왔다. 우리에게 위협이 될 만한 것들에게서 조심하기 위해 오래 기억하게 만든다.

그런데 우리가 생각하고 싶지 않는데 기억이 자꾸 떠오르는 이유는 무엇일까? 우리의 뇌는 문제에 대한 해결책을 찾을 때까지 '장기 기억'을 수시로 떠올리게 만든다. 그래야 미래에 똑같은 위협에 닥치더라도 우리의 안전을 확보할 수 있는 해결책을 찾을 수 있기 때문이다.

예를 들어 A씨는 남편의 휴대폰에서 상간녀와 남편이 주고받은 메시지를 봤다. 이후에 남편과 상간녀가 주고받은 메시지가 일상생활에서 반복적으로 떠오른다면, A씨의 마음에서는 '이 상황에 대한 명확한 해결책을 생각해 내'라고 강요를 하는 것이다. 이러한 뇌의 강요는 A씨에게 어느 정도 도움이 된다. 남편과 이혼을 하든, 상간녀를 정리시키든 A씨가 그 상황을 스스로 해결할 수 있도록 뇌에서는 A씨를 괴롭힌다.

하지만 문제 상황이 끝나고 시간이 지난 이후에도 남편과 상간녀의 메시지 내용이 떠오를 수 있다. 왜냐하면 아내의 뇌에서는 미래에 위협이 되는 상황을 지속적으로 대비를 해야 하기 때문이다. '너와 가장 가까운 사람이 또 배신하면 어떻게 할 건데? 해결책을 가져와'라고 A씨에게 마음이 말하고 있는 것이다. 이때부터는 안 좋은 기억이 A씨에게 도움이 되지 않는다.

만약 안 좋은 기억을 날려버리고 싶다면 그 기억이 필요 없는 상황인지를 먼저 판단해 봐야 한다.

예를 들어 남편의 외도는 계속 진행되는데 안 좋은 기억을 다루는 데만 집중한다면 아내는 한 발짝도 앞으로 나가지 못할 것이다. 현실을 도피하는 것뿐이다. 그래서 지금 그 안 좋은 기억이 현재 진행형인지 아니면 정말로 과거에 일어났던 일로 마무리가 되었는지를 곰곰이 생각해 보기 바란다.

아직도 과거의 기억과 비슷한 일을 겪고 있다면 해결책을 찾아야 한다. 합리적으로 대응하는 방법을 정하고 행동해야 한다. 지금은 안 좋은 기억을 날려버릴 단계가 아니다.

반대로 옛날에 이미 끝난 일이거나 영원히 해결할 수 없는 문제라고 결론이 났다면 그 기억을 날려버리면 된다.

이때 한 가지 알아둘 것은 우리는 그 기억을 자신도 모르게 '복습하고 있다'는 것이다. 아마 우리는 힘들었던 기억이 떠오를 때 그 생각에 빠져들었을 것이다. 과거에 느꼈던 감정을 다시 느끼면서 말이다. 그럴수록 우리는 그 과거의 기억을 더 생생히 기억하며 복습하게 된다.

'에빙하우스의 망각곡선'이라는 유명한 심리학 실험이 있다. 학교나 학원에서 선생님들이 학생들에게 복습의 중요성을 강조하면서 자주 언급하는 것으로 알려져 있다.

인간은 어떤 기억에 대해서 20분 후에는 42%를 잊어버리고, 한 시간 뒤에는 56%, 하루가 지나면 70%를 잊어버린다는 것을 밝혀냈다. 하루가 지나도 대부분의 기억을 잊을 수 있다는 것을 증명해 주는 것이다. 그런데 여기서 중요한 것은 한 달 안에 몇 번만 복습을 한다면, 그 기억을 한 달 이상 절대로 잊어버리지 않는다는 것이 밝혀졌다.

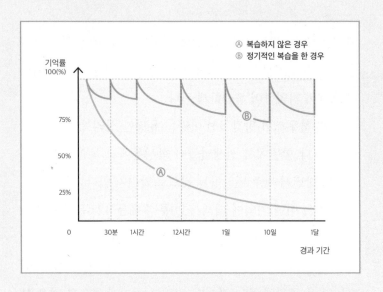

결국 우리가 안 좋은 기억을 계속 떠올릴수록 그 기억을 평생 잊지 못하게 된다는 의미다. 우리는 복습을 통해 안 좋은 기억을 계속 '장기 기억'으로 저장하고 있을지도 모른다. 그러면 10년이고, 50년이고 잊기가 힘들어진다. 그렇다면 답은 간단하다. 떠올리기 싫은 장기 기억을 복습하는 습관을 멈추면 된다. 그러면 시간이 흐른 뒤 우리는 그 사건에 대해서 자연스럽게 망각하게 될 것이다.

일생생활 중에 갑자기 안 좋은 기억이 떠오르면 감정에 휩쓸려서 그 상태로 가만히 있지 말자. '내가 복습하고 있구나'라고 빨리 알아차려야 한다. 왜냐하면 우리의 마음은 '지금 너는 위험한 상황이다'라는 신호를 보내는 것이기 때문이다.

우리를 감정적으로 만들 것이며, 스스로 복습을 시킨다. 그 감정이 계속 남아 있는 한 그 기억은 장기 기억 상태로 남을 것이다. 이럴 때 우리는 스스로에게 안정을 찾을 수 있도록 시간을 주어야 한다. 스스로에게 "나는 지금 안전해", "그때는 힘들었지만 지금은 괜찮아"라고 말해 주자. 그 기억이 떠오르더라도 고통스러웠던 감정을 똑같이 느끼지 않아도 된다고 마음에게 알려 주는 것이다. 그리고 진정이 되면 우리가 하려던 일에 집중하면 된다. 한 번으로 안 되면 여러 번 반복하면 된다.

우리가 그 기억이 떠올라도 더 이상 감정의 변화가 느껴지지 않는다면 그 기억은 단기 기억으로 넘어가기 시작한 것이다. 물론 한 번에 연기처럼 기억이 사라지진 않을 것이다. 다만 우리가 안전하다는 느낌을 쌓아갈수록 나쁜 기억은 더 이상 우리를 괴롭히지 못할 것이다.

'피해 받은 사람은 난데, 왜 내가 노력해야 하지?'라는 반발이 생길 수 있다. 틀린 말은 아니다. 다만, 아직 살아갈 날이 더 많이 남아 있다. 우리가 나쁜 기억을 빨리 잊는다면 지금까지 살아온 삶보다 두 배는 더 편안하게 살 수 있을 것이다.

안 좋은 기억
날려버리는 방법

❶ 우리는 스스로 과거의 기억을 복습하고 있을지도 모른다.

❷ 안 좋은 기억이 떠오르면 감정적으로 휩쓸리게 두지 말자. "나는 지금 안전해", "그때는 힘들었지만 지금은 괜찮아"라고 자신에게 이야기해 주자.

남편과 오래 살면서 이제는 끈끈한 친밀감도 없고 매번 똑같은 싸움만 반복하는가? 내 몸과 마음은 힘든데 남편은 아내가 아픈지도 모를 정도로 아내에게 관심이 없다는 것을 느끼는가? 그런데 이것보다 더 힘든 것은 더 이상 남편과의 관계가 나아질 기미가 보이지 않는다는 것이다.

　아내는 남편이 나를 얼마나 사랑하고 있는지, 사랑까지는 아니더라도 인생의 동반자로 얼마나 생각하고 있는지를 확인받고 싶어 한다. 적어도 아내로서의 노력은 남편이 알아봐 주면 좋겠다는 마음이 들기도 한다.

　하지만 대부분 이것들을 확인 받으려고 "우리 대화 좀 해", "우리 이렇게 사는 건 아닌 것 같아"라며 이야기를 꺼내 봤을 것이다. 그러면 인상을 찌푸리는 남편의 표정을 먼저 마주하게 된다. 그래서 남편이 나를 얼마나 생각하고 있는지, 사랑하고 있는지를 확인할 수 있는 방법을 알아보겠다.

'사랑의 유통기한은 3년이다.'

'열정적인 사랑은 오래가지 못한다.'

와 같은 말을 들어본 적이 있을 것이다. '사랑'에 관한 주제로 세계적으로 유명한 헬렌 피셔 박사는, 사랑은 3단계의 과정을 거친다고 한다. 그리고 사랑의 단계마다 실제로 우리의 몸에서 일어나는 반응이 완전히 다르다고 한다.

1단계는 성욕의 단계다. 이 단계는 통상적으로 알려진 진짜 사랑보다는 인간의 생존과 번식의 본능적인 모습에 가깝다고 보면 된다. 남자들이 짧은 치마를 입은 여성이 옆을 지나가면 자신도 모르게 눈동자가 돌아가는데, 이는 특정 대상이라서가 아니라 본능적으로, 성적으로 끌리는 것이다. 그래서 이때는 테스토스테론과 에스트로겐이 우리 몸에 분비된다고 한다.

2단계는 매력의 단계다. 이때는 열정적인 사랑의 단계라고 보면 된다. 우리가 특정 사람에게 완전히 집중하는 단계다. 상대방의 좋은 면만 보게 되고 매력적인 모습들만 보게 되는 단계다. 그래서 우리 몸에서는 아드레날린이 분비되어서 심장이 콩닥콩닥 뛰고, 도파민이 분비되면서 좋은 기분과 행복한 감정만 느끼게 된다. 실제 뇌를 분석해 보면 마약에 중독된 사람의 뇌와 비슷하다고 한다. 그래서 이때는 잠을 자지 않아도 피곤하지 않고, 웬만한 힘든 일이 있어도 스트레스를 크게 받지 않는다.

3단계는 애착의 단계다. 이때는 뭔가 열정적이고 가슴 떨리는 그런 느낌은 없지만 상대방과 있으면 안정적이고 편안한 기분을 느끼는 단계다. 결혼 생활을 하고 있는 대부분이 공감할 텐데, 남편을 보면 떨리고 설레기보다는 오래된 친구 같은 느낌을 받는다. 이때는 우리 몸에서 옥시토신이 분비되어서 서로 같이 있으면 안정감을 느낀다고 한다.

대부분은 3단계인 애착의 단계에서 남편에게 실망을 많이 하게 된다. '내가 알고 있던 남편이 맞나?'라는 생각을 많이 하게 된다. 남편과 불타는 사랑을 하는 2단계에서는 남편이 아내 말을 들어주고 공감해 주고 관심을 가져줬지만, 시간이 지나면서 남편이 아내에게 관심을 주지도, 배려하지도 않는 모습이 보이기 시작한다. 시간이 지나면 지날수록 아내이자 여자로 대우해 주지 않는다는 느낌을 받게 될 것이다.

하지만 필자는 아내가 예상하는 것보다 남편은 아내를 많이 아끼고 있을 것이라 자신한다. 물론 누가 봐도 문제가 있는 남편도 있다. 남편이 외도를 하거나 폭력을 쓰거나 정신적으로 문제가 있을 수도 있다. 그렇지만 특수한 경우가 아니라면 대부분의 남편은 결혼 전과 비교해서 '너무 많이 변했다'는 느낌이 들더라도 아내를 사랑하고 있을 것이다. 불타는 열정의 사랑이 아니라 평생 같이 살아가는 동반자로 없어서는 안 되는 친구로 사랑하는 것이다.

그런데 남편은 안정기에 접어들면서 아내를 왜 그렇게 대하는 걸까? 아내 입장에서는 믿기지 않을 수 있지만 실제로는 남편은 변한 것이 아니다. 정확히 말하자면 그냥 원래대로 돌아간 것이라고 생각하면 된다.

열정적인 사랑의 단계에서는 상대방이 자신의 성격과 맞지 않는다고 해도 전혀 힘들지 않다. 그때는 남편 스스로도 '사랑의 힘이 자기 자신을 변화시켰다'고 착각할지도 모른다. 하지만 이제는 더 이상 도파민과 아드레날린 같은 신경 전달

물질이 분비되지 않는다. 본인의 솔직한 모습을 남편은 이제야 드러낸 것뿐이다. 물론 이렇게 말할 수도 있다.

"그래도 배려와 공감이 몸에 밴 남자들도 있지 않나요?"

그런 남자들도 있다. 하지만 우리는 알고 있다. 그런 남자가 그렇게 흔하지는 않다는 것을 말이다. 그리고 그런 남자랑 산다고 해서 무조건 행복한 것도 아니다. 배려와 공감이 몸에 밴 남자들은 가장 큰 약점이 있는데, 자신의 아내에게만 배려하고 공감하지 않는다는 것이다. 자신의 주변 모든 사람에게 배려와 공감을 한다. 남들에게 돈쓰는 것을 아끼지 않을 수도 있고, 불쌍한 척하는 사람에게 사기를 당할 수도 있고. 동정심을 자극하는 여성들과 외도를 하기도 한다.

그렇다면 공감 능력도, 배려도 없는 남자들은 도대체 왜 그런 걸까?

뇌과학자들의 연구 결과 남자들은 태어날 때부터 여자들보다는 공감 능력이 떨어진다는 것이 밝혀졌다. 사회 문화적인 맥락에서도 바라볼 수 있다. 아직까지도 공감 능력과 배려심이 뛰어난 남자가 사회에서 높은 가치로 평가 받는 일은 드물다. 그에 비해서 돈을 잘 버는 남자, 힘과 권력을 잘 이용하는 남자, '알파고'처럼 전문적인 지식과 능력을 갖춘 남자, 이런 사람들이 높은 가치를 가졌다고 평가받는다. 사회적 성공을 거머쥔 남자들에게 공감 능력과 배려심은 별로 중요하지 않을 수 있다.

남편이 변했다고 느끼고 부부 사이가 예전 같지 않다면 딱 두 가지만 확인해 보자.

첫째, 남편이 외도를 하고 있는 것은 아닌지 확인한다. 공감 능력과 직관이 뛰어난 아내의 육감을 벗어날 수 있는 남자는 없다. 아내와의 관계가 데면데면하다면 사랑의 1단계인 욕정이나 2단계인 열정적인 사랑의 단계를 아내가 아닌 다른 사람과 느끼려고 노력하고 있는 것이다. 당연히 지금까지 보았던 남편의 행동과는 매우 달라 보일 것이다.

둘째, 직장이나 특정한 주제로 스트레스를 받고 있는 것이 아닌지를 확인한다. 만약 그렇다면 남편은 지금 자신 말고는 아무것도 보이지 않는 상태일 수 있다. 아내를 사랑하지 않는 것이 아니라 '제 코가 석 자'인 상태인 것이다. 전쟁을 하다가 본인이 총을 맞아서 쓰러져 있는데 그 상태에서 동료를 챙기기란 쉽지 않다. 지금 남편이 딱 그런 상태일 수 있다.

두 가지를 모두 확인하였지만 모두 해당하지 않는다면, 단지 공감 능력이 없고 무관심해 보이는 지극히 정상적이고 건강한 남자와 살고 있다는 것을 의미한다. 그리고 아내에게 꾸밈없이 솔직한 자기 자신을 있는 그대로 보여 주고 있는 것이다. 아내와 오랫동안 의지하고 살아갈 동반자로 생각하고 있다. 그는 분명히 아내를 사랑하고 있다.

그래서 "우리 대화 좀 하자", "이대로 사는 게 부부야?"와 같은 말을 꺼내서 아내 스스로의 가치를 낮추지 말자. 남편의 행동이 변했다고 사랑까지 변한 것은 아닐 수 있다. 그런데 아내가 남편에게 직접적으로 사랑을 확인받으려고 할 때, 남편들은 아내에게서 오히려 멀어진다. 남편은 아내를 적군으로 인식하고 되레 피하려고 할 것이다. 같이 있는 시간이 서로에게 더 불편하게 느껴질 수 있다. 아내는 남편 눈치를 보면서 끌려다니게 된다. 아내는 그저 남편에게 관심을 받고 사랑받고 싶은 것뿐인데 말이다.

자존심 상하지 않고 남편의 사랑을 확인하는 방법

이제부터는 남편에게서 사랑받는 아내라는 것에 대한 확신을 가지면 좋겠다. 아내는 남편뿐만 아니라 사실 대부분의 사람들에게 인정받고 사랑을 받고 있을 것이다. 아내가 스스로를 믿고 확신을 가질수록 남편이 아내에게 관심을 가지고 궁금해 할 것이다.

| 대처 포인트 ⑪ |

❶ 남편은 변한 것이 아니라 솔직한 모습을 이제야 드러낸 것일 수 있다.

❷ 남편이 변했다면 두 가지만 확인해 보면 된다. 남편이 외도를 하고 있는지, 그리고 스트레스를 받고 있는지 확인해 보자.

❸ 두 가지 모두 해당되지 않는다면 남편은 아내에게 안정감을 느끼고 있으며 사랑하고 있다고 받아들여도 된다.

인생의 진정한 갑이
될 수 있기를 응원합니다

제가 이 책에서 말하고 싶은 것은 하나였습니다. 남편과의 관계에서 변화를 이끌어낼 수 있는 사람은 바로 나 자신이라는 것입니다. 지금까지 결혼 생활이 힘들었고, 내 맘처럼 되지 않았고, 남편과 관계가 나빴을지도 모릅니다. 그리고 이유를 남편에게서, 시부모님에게서, 불행한 현재 상황에서 찾았을지도 모릅니다. 그동안은 그들이 바뀌기만을 기다렸었다면 이제는 우리 스스로의 힘을 키우는데 집중해 볼 수 있으면 좋겠습니다.

남편과의 관계에서 진정한 변화를 원한다면 우리는 정확

한 목표를 설정하고 그 목표를 이루기 위한 계획을 세우고 행동해야 할 것입니다. 우리가 새해마다 다짐하는 금연, 다이어트, 운동 등이 흐지부지 되는 이유는 그렇게 복잡하지 않습니다. 방법은 알고 있지만 시도조차 해 보지 않거나 작심삼일이 되기 때문입니다.

아는 지인의 소개로 책 쓰기 모임에 간 적이 있었습니다. 첫 시간에 모임장이 이런 질문을 했습니다.

"책을 내지 못한 사람과 책을 낸 사람의 가장 큰 차이점이 무엇인 줄 아세요?"

다양한 답변들이 나왔지만 모임장의 말은 심플하고 명료했습니다.

"책을 내고 싶지 않으면 책을 쓸 생각만 열심히 하시면 됩니다. 대신 정말로 책을 내고 싶으시다면 지금부터 책을 쓰면 됩니다."

그의 대답에 적잖은 충격을 받았습니다. 지인의 말을 듣고 책 쓰기 모임에 가면 책을 쉽게 쓸 수 있을 거라고만 기대했었기 때문입니다. 맞습니다. 책을 쉽게 쓸 요행만을 바라면서 '언젠가는 책을 내야겠지'라고 생각만 하고 있다면 저는 작가가 될 수 없었을 겁니다.

다만 요행은 없다는 것을 깨닫고 하루하루 조금씩 글을 적기 시작한 결과 감사하게도 부족하지만 저의 글이 이렇게 책으로 세상에 나올 수 있었습니다.

이제는 우리가 원하는 것을 얻기 위해서 계획만 하고 적절한 시기를 기다리기만 하는 것은 졸업해야 할 때입니다. 그 계획을 토대로 내 삶에서 적용하고 실천하는 것을 시작하였으면 좋겠습니다. 물론 막상 실천을 해 보려고 해도 두 가지 문제에 봉착하게 될 겁니다.

첫째, 나는 무엇을 어떤 것부터 시도해 봐야 할지 모를 수 있습니다.

아무리 유명한 맛집이라도 그 음식점의 요리를 우리가 좋아하게 될 것이라는 보장은 없습니다. 누구나 선호하는 음식과 입맛이 다르기 때문입니다. 물론 제가 직접 여러분과 1:1로 소통하게 된다면 "이렇게 한 번 해 보세요"라고 확실하게 코칭 할 수도 있을 겁니다. 하지만 저는 책에서 여러분과 만났습니다. 지금 이 책을 읽고 있는 여러분에게 모두 다 맞는 정답을 드릴 수는 없습니다. 왜냐하면 모든 사람들의 상황은 비슷하지만 다 다르기 때문입니다. 그리고 개인이 가지고 있는 성격 또한 천차만별이기 때문입니다. 그래서 이 책을 통해서 내 삶을 변화시키려면 나에게 맞는 정답을 찾는 시행착오를 직접 경험하여야 합니다.

앞서 이야기한 유명한 맛집이 나에게 맞는지 확인하려면 방법은 하나입니다. 그곳에 가서 음식을 먹어 보면 됩니다. 그리고 계속 맛집을 찾고 시행착오를 경험하다 보면 우리에게는 '나만의 맛집 리스트'가 생기게 됩니다.

마찬가지로 내가 무엇을 시도해 봐야 할지 모르겠다면 이 책에서 가장 공감되었던 부분부터 실행해 보기 바랍니다. 그리고 시행착오를 경험하면서 '나만의 결혼 생활 매뉴얼'이 생길 것입니다.

둘째, 어차피 모두 작심삼일이 될지도 모른다는 것입니다.

서울대를 나온 사람들은 작심삼일을 하지 않을까요? 그들도 똑같이 다이어트를 위해 아침에는 다이어트를 하겠다고 다짐하고, 저녁에는 어플을 통해 야식을 주문합니다. 인간이 작심삼일을 경험하는 것은 인간 그대로의 본성입니다. 그래서 작심삼일은 절대 우리의 잘못이 아닙니다. 그래서 혼자만의 의지만으로는 부족할지도 모릅니다.

우리가 공부하는 것을 좋아하지는 않았지만 10년 이상을 꾸준히 공부할 수 있었던 것은 학교에서 만난 친구들이 있었기 때문입니다. 우리가 독방에 갇혀서 혼자 의지를 불태우는 것보다 옆에서 같은 목적을 가지고 함께하는 사람들이 있다면, 우리는 꾸준히 나아갈 수 있습니다. 그래서 그 환경을 함께 만들어 나가고자 합니다.

그래서 제가 운영하는 '평강공주리더십연구소' 네이버 카페에 책을 읽은 분들만 소통할 수 있는 게시판을 만들어 두겠습니다. 그 공간에서 결혼 생활에서 원하는 꿈과 소망을 공유하고 공감하였으면 합니다. 그리고 이 책에서 가장 유용했던 부분, 실천했던 부분을 글로 남겨 보기를 바랍니다. 그렇게 하루하루 서로를 응원하고 격려하며 우리는 점점 결혼 생활에서 그리고 우리의 인생에서 진정한 갑이 되어갈 수 있을 겁니다.

이 책이 우리의 작은 생각의 변화를 가져올 수 있었다면 이제는 작은 행동의 변화를 시도해 볼 수 있을 겁니다. 그리고 점점 우리의 인생에서 원하는 모든 것이 변화될 수 있기를 응원하겠습니다.

품격 있는
아내들의
남편 다루는 법

펴낸날 초판 1쇄 2022년 8월 30일
       2쇄 2022년 9월 22일

지은이 김민수

펴낸이 강진수
편 집 김은숙, 김어연
디자인 임수현

인 쇄 (주)사피엔스컬쳐

펴낸곳 (주)북스고 **출판등록** 제2017-000136호 2017년 11월 23일
주 소 서울시 중구 서소문로 116 유원빌딩 1511호
전 화 (02) 6403-0042 **팩 스** (02) 6499-1053

ISBN 979-11-6760-033-2 03190

책 출간을 원하시는 분은 이메일 booksgo@naver.com로 간단한 개요와 취지, 연락처 등을 보내주세요.
Booksgo□는 건강하고 행복한 삶을 위한 가치 있는 콘텐츠를 만듭니다.